Yn 'NEUADD y PLWYF' BEDDGELERT.

N NOS SADWRN. EBRILL. 26ain 1930.

CYNHELIR

CYNGHERDD. GWIR. GYMREIG.

PRYD Y GWASANAETHIR GAN.

GOR. TELYN. ERYRI

AC AMRYW ERAILL.

GYDA'R DELYN........ *Telynores Maldwyn.*

ARWEINYDD .... *Carneddog.*

CADEIRYDD ...... Major. *Goronwy Owen D.S.O. M.P.*

DRYSAU YN AGORED. 6.30 PM DECHREUIR AM 7.0 PM

MYNEDIAD I MEWN...... BLAEN SEDD. 1/0. ÔL-SEDD. 1/2.

PLANT HANER Y PRIS.

GELLIR SICARHAU SEDD AM DAL O 3s YN Y. LLYTHYRDY.

BEDDGELERT.

YR ELW AT GAPEL. (M.C.) BEDDGELERT.

BEDDGELERT

MANYLION
LLAWN
GAN :-

MISS EDITH M EVANS
CWACLOCH
BEDDGELERT

NEUADD GOFFA, FELINFACH

NOS IAU, CHWEFROR 14EG, 1952

CYNHELIR

CYNGERDD

MAWREDDOG

(Dan nawdd Eglwys M.C. Abermeurig)

YN Y LLE UCHOD

GAN Y BYD-ENWOG

CÔR TELYN ERYR

dan arweiniad " Telynores Eryri."

Datgeiniaid y B.B.C.,
ac enillwyr yn y Genedlaethol amryw weithiau :---

Telynores Maldwyn. Telynores Eryri

Llinos Gwynedd. Doris Arfon.

Eifiona. Beti Meirion ac Hefina.

Llywydd : **DAVID JENKINS, Ysw.,** LLUNDAIN a GELLY AER

Mynediad i mewn trwy Docynnau, 2/6; Plant, 1/-.
Drysau yn agored am 7 o'r gloch.   I ddechrau am 7.30 o'r gloch

☞ BYDD BUSES CYFLEUS YN RHEDEG. ☜

Caxton Printing Office (J. D. Lewis & Sons, Ltd.), Lampeter— 5154

BYWYD A GWAITH DR NANSI RICHARDS JONES 'TELYNORES MALDWYN' (1888-1979)

Cydnabyddiaeth

Dymunaf ddiolch o waelod calon i bawb a gyfrannodd
mewn unrhyw fodd at y gwaith ymchwil gwreiddiol
(dros chwarter canrif yn ôl bellach). Hebddynt,
ni fyddai wedi bod yn bosibl ei gyflawni.
Gwerthfawrogaf bob cymorth gan fy nhiwtor ar y pryd,
Mr Wyn Thomas, a osododd ganllawiau cadarn imi
eu dilyn. Diolch i'r Athro Angharad Price am ei
brwdfrydedd wedi iddi ddarllen y gwaith yn ddiweddar
ac i Wasg Carreg Gwalch am fod mor barod i
gyhoeddi'r llyfr eleni.

Argraffiad cyntaf: 2015

ⓗ Nia Gwyn Evans / Gwasg Carreg Gwalch

Cyhoeddir gan Wasg Carreg Gwalch,
12 Iard yr Orsaf, Llanrwst, Conwy, LL26 0EH.
Ffôn: 01492 642031 Ffacs: 01492 641502
e-bost: llyfrau@carreg-gwalch.com
lle ar y we: www.carreg-gwalch.com

Rhif rhyngwladol: 978–1-84527-525-9

Mae'r cyhoeddwr yn cydnabod cefnogaeth ariannol
Cyngor Llyfrau Cymru

Cynllun clawr: Eleri Owen

Bywyd a Gwaith
Dr Nansi Richards Jones
'Telynores Maldwyn'
(1888-1979)

Nia Gwyn Evans

Cynnwys

I'm teulu

Rhagarweiniad

Ffrwyth dwy flynedd o waith ymchwil a arianwyd gan Ymddiriedolaeth Leverhulme i fywyd a gwaith y Dr Nansi Richards Jones (M.B.E.) a geir yn y llyfr hwn. Pan ddechreuwyd ar y gwaith yn 1988 (canmlwyddiant genedigaeth Nansi Richards 'Telynores Maldwyn'), roedd enw'r wraig yn gwbl gyfarwydd i mi. Darllenais cyn hynny ei llyfr *Cwpwrdd Nansi* (Gwasg Gomer, Llandysul, 1972) a fanylai mor ddiddorol ar ei bywyd a'i gwaith ledled y byd, ynghyd ag astudio elfennau o hynny drwy gyfrwng y cwrs cerddoriaeth yn y Brifysgol ym Mangor. Roedd y brwdfrydedd yn ei chylch yn cydio ac yn cynyddu o ganlyniad i achlysur y canmlwyddiant. Pan ddechreuais dderbyn llythyrau yn mynegi diddordeb a chynnwrf fod ymchwil i fywyd a gwaith Nansi Richards ar fin cychwyn, cefais gip ar deyrngarwch pobl tuag ati, a'u teimladau ei bod yn haeddu cydnabyddiaeth o'r diwedd am yr hyn a wnaeth. Y cwestiwn a ofynnais i mi fy hun droeon ar gychwyn y gwaith ymchwil oedd, paham fod cymaint o ffwdan yn ei chylch? Doedd dim gwadu ei bod yn gymeriad unigryw ac yn un a wnaeth gyfraniad pendant i fyd cerddoriaeth yng Nghymru, ond a oedd mwy na hyn yn perthyn iddi?

Aethpwyd ati i ymweld â nifer fawr o gyfeillion a theulu Nansi gan dreulio cyfnodau maith yn sgwrsio, holi a thrafod, a chael cip ar ddarlun ehangach o'r wraig amlochrog hon. Benthycwyd toreth o lythyrau o'i heiddo oddi wrth y cyfeillion hyn, lluniau di-rif, taflenni cyngerdd, toriadau papur newydd, yn wir, wrth ddychwelyd yn llwythog o'r mannau hyn, fe ddechreuais sylweddoli maint y gwaith mewn gwirionedd. Wrth bori drwy'r cannoedd papurau yn ddiweddarach, a thrwy ddarllen ei llyfr *Cwpwrdd Nansi* drachefn, sylweddolwyd nad oedd dyddiadau pendant gyferbyn â'r rhan fwyaf o'r digwyddiadau ac mai prin iawn oedd y ffeithiau. Y dasg oedd dethol drwy'r deunydd a cheisio ffurfio rhyw lun ar ddyddiadur beirniadol lled-gyflawn o fywyd a gwaith 'Telynores Maldwyn.' Dyna a fwriadwyd ym mhenodau bywgraffyddol y traethawd gwreiddiol. Rhaid oedd dibynnu'n gyfan gwbl ar lythyrau Nansi, dogfennau, cyfweliadau a dwyn beirniadaeth deg o'r dystiolaeth honno. Yn anffodus, ni oroesodd un o'i chyfoedion na neb o'i theulu agosaf. Byddai'r cofnod gymaint manylach a chyfoethocach pe bai eu hatgofion hwy ar gael.

Ceisiwyd gosod Nansi Richards, 'Telynores Maldwyn', yn ei chyd-destun o fewn i'r byd cerddorol drwy ddangos yr hyn a'i rhagflaenodd, ac yn y bennod glo, yr hyn a'i dilynodd. Ni fyddai gwaith o'r fath yn gyflawn heb gynnwys cyfeiriad at gysylltiad Nansi â'r sipsiwn – agwedd gwbl angenrheidiol o ystyried ei dull hi o ganu'r delyn, a'i chymeriad yn gyffredinol – cymeriad anniddig a fynnai deithio'n ddi-baid o un lle i'r llall.

Yn olaf, bûm yn ffodus o dderbyn nifer fawr o geinciau a chyfansoddiadau o eiddo Nansi ei hun, ynghyd â'i threfniannau o hen alawon Cymreig (sydd ar gael yn Archif Prifysgol Cymru, Bangor). Wrth eu hastudio, daethpwyd i ddealltwriaeth ddyfnach o'i harddull gerddorol a'i gallu i weddnewid darn o nodiant yn ddarn o gerddoriaeth byw a hyderir fod hyn oll yn cyfrannu at ddarlun llawnach o Nansi Richards fel cerddor a thelynores.

Trwy gyfrwng y llyfr hwn, gobeithio y daw'r darllenydd i ddeall, fel y gwnes i, paham fod yna 'ffwdan' o hyd yn ei chylch, gan sylweddoli'n ogystal faint ei chyfraniad gwerthfawr, nid yn unig i fyd cerddoriaeth yng Nghymru a thu hwnt, ond hefyd i ddiwylliant a hen draddodiadau ein gwlad.

PENNOD I

Safle'r wraig o fewn y byd cerddorol

Ni ellir ymddiried rhyw lawer yng ngallu merch i gynhyrchu unrhyw beth o sylwedd yn y byd cerddorol.[1]

Dyma'r hyn a ddywedwyd gan yr Almaenwr Otto Schamm yn y flwyddyn 1883 ac mae'n cynrychioli'r rhagfarn gref a fodolai yn yr Almaen a'r Gorllewin yn gyffredinol ddiwedd y ganrif ddiwethaf at safle'r wraig o fewn i'r byd cerddorol.

Cyflyrwyd gwragedd ers canrifoedd i gadw'n dawel ac i fyw bywyd ymhell o olwg y cyhoedd ac nis anogwyd hwynt mewn unrhyw fodd i gymryd rhan ymarferol na chreadigol yn y byd cerddorol – yn bennaf oherwydd eu 'safle' o fewn cymdeithas. Ategwyd y safbwynt hwn gan un gyfansoddwraig amlwg yn yr ugeinfed ganrif hyd yn oed:

> 'Rwyf wedi dod i gredu ei bod hi'n annaturiol i wraig fod â thalent mewn unrhywbeth, heblaw am yr hyn a gofnodwyd ym mhennod olaf Llyfr y Diarhebion.[2]

Byddai i ferch 'gyfansoddi' neu gymryd rhan greadigol mewn cerddoriaeth yn beth annerbyniol ac anghyffredin a dweud y lleiaf.

Mae'n debyg mai un o'r merched cyntaf i blymio i'r byd cerddorol fel unawdydd proffesiynol oedd Clara Schumann (1819-96). O safbwynt dawn allweddellol, fe'i hystyrid cystal perfformwraig â Liszt, Thalberg ac Anton Rubinstein ac yn sicr, hi oedd y wraig fwyaf amlwg ym myd y piano yn y ganrif ddiwethaf. Bu'n flaengar iawn mewn sawl modd – hi oedd y cyntaf i ganu rhai o sonatau olaf Beethoven yn gyhoeddus, cafodd hefyd y fraint o berfformio 'premières' o weithiau Chopin, Schumann a Brahms. Yr oedd ymhlith y cyntaf i arfer â pherfformio heb ddefnyddio copi ac i gynnal cyngherddau heb ddibynnu ar gerddorion cynhaliol. O gyfuno ei dawn i greu rhaglenni gafaelgar a'i gallu cerddorol, llwyddodd i weddnewid holl gymeriad unawdol ar y piano yn y bedwaredd ganrif ar bymtheg. Yn ôl Nancy B. Reich,

Nid person cyffredin mo Clara Wieck Schumann . . . 'Roedd ganddi'r gwroldeb i ddal swydd a oedd yn anghyffredin iawn o fewn y gymdeithas y trigai ynddi. Trefnodd ei bywyd fel y gallai ymgyrraedd at frig y gelfyddyd gerddorol.[3]

Profodd nad mater bach i'r gwan galon oedd mentro i faes mor gystadleuol a gwrywaidd. Dangosodd i'w hoes ei hun fod angen personoliaeth gref a phenderfyniad di-droi'n ôl i lwyddo mewn sefyllfa o'r fath.

Er mai Clara Schumann a ystyrir fel y wraig gyntaf i ennill bywoliaeth fel pianydd proffesiynol, ceisiodd sawl un arall fentro i mewn i'r byd cerddorol, 'gwrywaidd' ei natur ganrifoedd ynghynt. Un o'r gwragedd hynny oedd yr Abades, Hildegard o Bingen[4] (1098-1179) a ysgrifennodd y casgliad sylweddol cynharaf o gyfansoddiadau, gan wraig, sydd wedi goroesi hyd heddiw. Teg yw dweud fodd bynnag i wragedd y cyfnod hwnnw gael eu rhwystro rhag ceisio neu ddal swydd o statws yn y byd cerddorol yn bennaf am na chaent yr addysg na'r hyfforddiant angenrheidiol ar gyfer hynny. Nid oedd y cylchoedd eglwysig ychwaith wedi cynnig nemor ddim cymorth iddynt i gyrraedd y safle hwn. Alltudiwyd hwy fel cantorion ar y Sul a chymerwyd bechgyn yn eu lle.

Yn y bymthegfed a'r unfed ganrif ar bymtheg hyd yn oed, ni châi gwragedd gystadlu am fynediad i sefydliadau addysgiadol a gynigiai hyfforddiant cerddorol. Er hynny, llwyddodd rhai i ennill bywoliaeth (pa mor fychan bynnag ydoedd) fel cantorion – fel aelod o gwmnïau teithiol cerddorol, neu fel cerddorion teuluol. Nid oedd gan y wraig unrhyw obaith i gyfansoddi yn arddull boliffonig cymhleth y cyfnod am na châi fanteisio ar wersi theori a oedd mor angenrheidiol iddi yn y grefft honno.

Tua chanol yr unfed ganrif ar bymtheg, fodd bynnag, gweddnewidiwyd safle'r wraig o fewn i'r byd cerddorol a hynny am ddau brif reswm. Yn gyntaf, bu twf mawr yn nifer y gwragedd a oedd am ganu'n broffesiynol o ganlyniad i ddatblygiadau radicalaidd yn y byd operatig. Yn ail, trodd rhai gwragedd at gyfansoddi gan ddod i'r amlwg yn y maes hwnnw. Yn 1566 yn Venice, er enghraifft, cyhoeddwyd y casgliad cyntaf o gyfansoddiadau o eiddo gwraig ac yn sicr, roedd hyn yn gam allweddol i'r cyfeiriad cywir.

Trwy'r unfed ganrif ar bymtheg a'r ail ganrif ar bymtheg, cyhoeddwyd darnau eraill gan wragedd o'r Eidal, er enghraifft, rhai fel Francesca Caccini 1587-c.1640 (cantores yn wreiddiol, ond un a drodd at gyfansoddi caneuon ac operâu a hynny'n llwyddiannus iawn) ac Isabella Leornarda 1620-c.1700 (lleian a gyhoeddodd dros ddau gant o weithiau mewn ugain casgliad o'i heiddo yn ystod ail hanner yr ail ganrif ar bymtheg). Er hynny, nid oedd gwragedd y cyfnod yn gyfarwydd â manteisio ar ehangder cyflawn y gwahanol gyfryngau cerddorol ac yn sicr nid oedd un ohonynt â'r hyder i arwain y gad mewn unrhyw newid chwyldroadol o fewn i faes cyfansoddi. O ganlyniad, ni chaent eu cydnabod fel cyfansoddwyr o fri a thueddodd y mwyafrif o haneswyr i anwybyddu eu cyfraniad i'r byd cerddorol.

Trwy gyfrwng canu felly, y daeth y wraig i ennill ei lle yn y brif ffrwd gerddorol ond roeddent yn parhau i fod ar yr ymylon fel cyfansoddwyr, athrawon ac offerynwyr.

Yn y bedwaredd ganrif ar bymtheg, fe ddaeth addysg yn fwy agored i bawb. O'r diwedd câi gwragedd fanteisio ar y cyfle i ehangu eu gwybodaeth ac i ymestyn eu cyraeddiadau cerddorol. Yn 1877, er enghraifft, derbyniwyd Ethel Smyth i astudio cyfansoddi yn yr Academi Gerdd yn Leipzig a syfrdanwyd cynulleidfaoedd a beirniaid yn ddiwahân gyda'i gweithiau symffonig pwerus. Er mai canu oedd prif faes merched o hyd, fe ddechreuodd rhai amlygu eu doniau fel 'virtuosos' offerynnol yn ogystal – yn gyntaf fel pianyddion (fel yn achos Clara Schumann) ac yna ar offerynnau eraill megis y ffidil (Madam Norman Neruda, Arglwyddes Hallé (1839-1911) a wnaeth y cyfraniad sylweddol cyntaf yn y maes hwn).[5]

Gwragedd fel Maria Jane Williams (1795-1873) a'r Argwlyddes Augusta Hall, 'Arglwyddes Llanofer' (1802-1896) a ddaw i'r cof yng nghyd-destun cerddoriaeth Cymru yn y ganrif ddiwethaf. Cyfrannodd y ddwy wraig yn helaeth yn eu meysydd eu hunain i fyd cerddoriaeth Cymru: Maria Jane Williams yn casglu ac yn perfformio alawon gwerin (ac yn cyhoeddi'r gyfrol *Ancient National Airs of Gwent and Morganwg*, 1844, sef y casgliad cyhoeddedig cyntaf o alawon gwerin Cymreig a gynhyrchwyd yng Nghymru erioed), a'r

Arglwyddes Augusta Hall yn noddi telynorion (rhai fel Thomas Gruffydd, 1816-1887, a gollodd ei olwg yn ifanc; Dafydd Roberts, 'Telynor Mawddwy', 1875-1956, hefyd a gollodd ei olwg fel canlyniad i'r frech goch) ac yn noddi gwneuthurwyr telynau (Bassett Jones, yn y bedwaredd ganrif ar bymtheg, Abram Jeremiah a fu farw c.1885, ac eraill).

Dechreuodd gwragedd droi i'r byd cerddorol am eu bywoliaeth yn yr ugeinfed ganrif gan gystadlu ochr-yn-ochr â dynion o fewn i'r maes proffesiynol, er gwaetha'r holl ragfarnau cymdeithasol a'u hwynebai. Yng Nghymru'n enwedig roedd hyn yn fwy amlwg. Cyfrannodd dwy Gymraes yn neilltuol iawn i ddatblygiad cerddoriaeth Cymru yn yr ugeinfed ganrif: Morfydd Llwyn Owen (1891-1918) a Grace Williams (1906-1977). Fel cantores, pianydd a chyfansoddwraig y cofir am Morfydd Llwyn Owen. Enillodd ysgoloriaeth i fynychu Coleg y Brifysgol, Caerdydd (1909-1912), a threuliodd gyfnod wedi hynny yn yr Academi Gerdd Frenhinol yn Llundain (1913-1916). Fe'i hystyrid yn wraig ddawnus iawn – un a oedd â dyfodol disglair. Ar Fedi'r 7fed 1918, fodd bynnag, a hithau'n chwech ar hugain, bu farw o ganlyniad i driniaeth lawfeddygol aflwyddiannus (apendics). Anodd yw amgyffred y llwyddiant a fuasai wedi dod i'w rhan pe bai ond wedi cael byw.

Fel cyfansoddwraig y cofir am Grace Williams hithau, ond yn arbennig, cyfansoddwraig a lwyddodd i ymgorffori'r traddodiadol a'r clasurol yn ei cherddoriaeth. Llwyddodd i glymu nodweddion cerddoriaeth werin Cymru (er enghraifft, goslefu; pwysleisio cystrawennu Cymreig drwy gael diweddebau yn gostwng; rhythm yn pwysleisio'r goben ac yn y blaen) yn un ag elfennau cerddoriaeth glasurol (er enghraifft ffurfiau pendant, offeryniaeth, ac yn y blaen).

Gwelir i'r holl wragedd hyn wneud cyfraniad diamheuol yn eu meysydd amrywiol i gerddoriaeth Cymru. Yr hyn sy'n nodweddu eu cyfraniad fodd bynnag yw mai o fewn meysydd penodol y gwyddys amdanynt – ym myd casglu, noddi, canu, perfformio neu gyfansoddi cerddoriaeth. Ond fe allodd un wraig arbennig a aned yn y ganrif ddiwethaf ac a oroesodd hyd hanner olaf y ganrif bresennol gyfuno'r holl agweddau hyn – y casglu a'r perfformio, y noddi a'r cyfansoddi, ynghyd â llwyddo i gynrychioli y traddodiad clasurol a'r traddodiad gwerin. Yn wir, cofleidiodd y wraig hon y traddodiad Cymreig yn ei gyflawnder a chyfrannodd yn helaeth a didwyll at barhad y traddodiad hwnnw. A'r wraig! – neb llai na Nansi Richards (1888-1979). Prin fod angen ei henwi gan fod Cymru benbaladr yn gwybod amdani – y wraig fach â'r galon fawr.

Yn *Llyfr Cerdd Dannau*, Robert Gruffydd, fe ddywedir:

Yn ôl hanesiaeth, nid rhyw lawer iawn o ferched sydd wedi rhagori cymaint am ganu telyn, a hynny, mae'n debyg, am y rheswm fod breichiau a bysedd y rhan fwyaf ohonynt yn llawer rhy weiniaid at y fath waith caled. Ac yn aml gellir dweyd y ddihareb, 'Gwell migwrn o ŵr na mynydd o wraig' am ganu telyn.[6]

Yn sicr, nid oedd Nansi yn rhy wan i wneud y 'fath waith caled' ac er mai bychan ydoedd o ran corff, gallai dynnu tannau'r delyn â chryfder ond hefyd ag anwyldeb. Yn ôl Nansi, roedd rhaid anwylo telyn fel baban, ac yn sicr, fe gafodd y delyn y gofal a'r aberth yma ganddi hyd at ddiwedd ei hoes.

Frenhines ceinciau y tannau tynion
A theg Arglwyddes y deires dirion.[7]

medd Gwilym Rhys amdani:

Gleidio mae dwylo Brenhines y delyn
O dant i dant
Ar acrobatig daith . . .[8]

medd Emrys Roberts;

A chyfoeth sain ei melys gainc
A rannodd hon yn rhad . . .[9]

medd Erfyl Fychan;

Gwennol o unigolyn . . .[10]

ydoedd Nansi i W. Jones Williams. Yn wir, canwyd ei
chlodydd gydag arddeliad a didwylledd gan lu o feirdd
eraill yn yr ugeinfed ganrif. Yn ddiamheuol, roedd i Nansi
le arbennig iawn yng nghalonnau ei chyd-Gymry ac y mae
iddi le yr un mor arbennig hyd heddiw.

---

[1] BOWERS, Jane a TICK, Judith: *Women making Music – The Western
Art Tradition 1150-1950*, (U.S.A. Macmillan Press Ltd., 1986) t. 290.

[2] BOYD, Malcolm: *Grace Williams – Composers of Wales 4*. (Gwasg
Prifysgol Cymru, 1980) t. 9. Dyma'r hyn ddywedodd Grace Williams
wrth Gerald Cockshott, Rhagfyr 5ed 1948.

[3] *Op. Cit.*, BOWERS, Jane and TICK, Judith. (1986) t. 276.

[4] Cyfansoddodd ddrama foesol o'r enw Ordo Virtutum lle y darlunir
gwahanol 'rinweddau' trwy gyfrwng y gerddoriaeth. Cyfansoddwyd
alawon plaenganau (a genir gan y cymeriadau) gan Sant Hildegard ei
hun, gyda'r gosodiad yn rhannol-felismatig ac yn rhannol-sillafog. Ni
wahaniaethir rhwng y darnau a genir yn unawdol a'r rheini a genir gan
gorws (yn unsain). Ceir 87 darn ynddo i gyd ond mae 5 ar gyfer y
diafol – sydd yn cael ei lefaru yn hytrach na'i ganu.
   Mae'r gweithiau eraill a gyfansoddwyd ganddi mewn arddull tebyg

i'r uchod ac ar ffurf 35 antiffon, 18 responsia, 6 dilyniant, 10 Emyn, a darnau eraill cyffelyb (gan gynnwys Kyrie).

⁵ Dechreuodd ganu'r ffidil bron iawn cyn gynted ag y gallai gerdded. Yn saith oed, ymddangosodd o flaen ei chynulleidfa gyntaf a hynny yn Fienna ac aeth oddi yno i Leipzig, Berlin, Hamburg, ac yn y blaen. Yn 1849, (pan oedd yn ddeg oed), ymddangosodd ddeunaw o weithiau yn Llundain a chymerodd ran yng Nghonsierto i'r ffidil gan Beriot yn yr un flwyddyn. Dychwelodd i Ewrop gan barhau i deithio – yn arbennig felly yn Rwsia.

Yn bump-ar-hugain oed, bu'n canu'r ffidil yng nghyngherddau Pasdeloup ym Mharis ac yn y Conservetoire. Hyd at 1898, dychwelai i Loegr bob blwyddyn ar gyfer tymor y Gaeaf a'r Gwanwyn o'r Cyngherddau Poblogaidd, cyngherddau'r Hallé a chyngherddau Manceinion.

⁶ GRUFFYDD, Robert: *Llyfr Cerdd Dannau – Ymchwiliad i Hanes Hen Gerddoriaeth a'u Dulliau Hynaf o Ganu.* (Cwmni y Cyhoeddwyr Cymreig [cyf.] Swyddfa 'Cymru'. Dim dyddiad.) t. 174.

⁷ Dyma'r geiriau o goffâd sydd i'w cael ar fedd Nansi Richards (a'i gŵr Cecil). Cyfansoddwyd hwy gan Gwilym Rhys ac fe'u cyflwynwyd yn wreiddiol fel rhan o gerdd deyrnged i Delynores Maldwyn yn yr *Albwm* a roddwyd i Cecil a hithau adeg eu hanrhydeddu gan Gymrodoriaeth Cadair Powys a hynny yn Eisteddfod Powys yn Llanfyllin, 6 Mehefin 1959.

⁸ ROBERTS, Emrys: *Lleu* (Christopher Davies [Cyhoeddwyr] cyf., Llandybïe ac Abertawe, Chwefror 1974) t.66.

⁹ Cwpled o gerdd a gyflwynodd Erfyl Fychan i Nansi Richards yn yr *Albwm* (gweler uchod).

¹⁰ Teyrnged W. Jones Williams i Nansi Richards. Fe'i ceir yn gyflawn yn *Nansi*, gol. Marged Jones (Gwasg Gomer, 1981) t. 11.

PENNOD II

Cefndir cerddorol a diwylliannol Nansi Richards Jones

Ganwyd Jane Ann Richards (enw bedydd Nansi Richards) ar y 14eg o fis Mai 1888, dair blynedd cyn Morfydd Llwyn Owen, a bu farw ar yr 21ain o Ragfyr 1979 – ddwy flynedd wedi marwolaeth Grace Williams. Cynnyrch y bedwaredd ganrif ar bymtheg ydoedd Nansi yn wreiddiol, ond eto, cynrychiolai gyfnod llawer cynt. Gellir olrhain y traddodiad o ganu'r delyn deires mor bell yn ôl â'r Ddeunawfed Ganrif ac i chwarae John Parry 'Ddall', Rhiwabon, (1710?-1782)[1] a hyfforddwyd gan Stephen Shôn Jones a Robert Parry. Traeth Mawr, Meirionnydd oedd cartref Stephen Shôn Jones, ac roedd yn fab i Shôn ap William (telynor o Benrhyndeudraeth). Brodor o Lanllyfni oedd Robert Parry, a dderbyniodd wersi, yn ôl Carnhuanawc gan 'hen delynorion anadnabyddus gynt.'[2] Yn ogystal roedd Nansi yn gyfoes ei ffordd oherwydd iddi, fel gwraig, fynd ati i ganu'r delyn yn broffesiynol a dilyn gyrfa lwyddiannus iawn o fewn y byd cerddorol Cymreig. Bu'n cyfoedi â Morfydd Llwyn Owen a Grace Williams ac mewn gwirionedd fe ellid ei hystyried yn un a oedd yn pontio'r ddau draddodiad gwahanol hwnnw. Caneuon gwerin yn rhannol a roddodd ysbrydoliaeth i Morfydd Llwyn Owen, a'u dylanwad hwy a welir yn ei chyfansoddiadau. Y traddodiad clasurol fodd bynnag sy'n cael ei adlewyrchu yng ngweithiau Grace Williams, yn arbennig yn ei defnydd o ffurfiau clasurol i ymgorffori deunydd traddodiadol. Dioddefodd Nansi yr un rhagfarnau a wynebwyd gan wragedd eraill o'r un cyfnod, ond er gwaethaf hynny, llwyddodd fel sawl un arall i esgyn uwchlaw'r anawsterau hynny a sicrhau enwogrwydd byd-eang.

Gellir priodoli rhan o'i llwyddiant i'w chefndir. Roedd y ffaith i Nansi gael ei magu mewn cymdeithas ddiwylliedig Gymreig yn dyngedfennol bwysig, ond am iddi gael ei magu ar aelwyd gerddorol yn ogystal, fe'i trwythwyd yn hollol anfwriadol yn yr elfennau a berthynai i draddodiadau cerddorol Cymreig ddiwedd y ganrif ddiwethaf ac ynghynt.

Ar aelwyd Fferm Penybont ym mhentref Pen-y-bont-fawr y'i magwyd hi a'i chwiorydd Mary, Phoebe ac Elizabeth Catherine, ei hanner-chwaer Alice, a'i brawd Edward neu Ned (a ddihangodd i'r Amerig yn ôl yr hanes wedi iddo ddwyn dwy ferch o'r ardal i drafferth). Ann Richards (née Evans) Fferm Penybont oedd ei mam, a Thomas Richards yr Hafod oedd ei thad. Roedd yntau'n gerddor neilltuol a naturiol, yn arwain côr yr ardal ac yn teithio o amgylch ffermydd y plwyf yn dysgu'r tonic sol-ffa. Ebe Nansi amdano:

Dysgodd lawer o blant y dyffryn i ganu; daeth yn enwog

fel arweinydd corau, ac enillodd lawer o wobrau yn
dlysau, clociau, beiblau ac un baton eboni . . . Ar
ddiwedd y tymor canu byddai'n cynnal Eisteddfod yn
sgubor yr Hafod, ac mae yn y sgubor honno ôl y(r)
Wyddor Sol-ffa hyd heddiw.[3]

Ymddiddorai ei thad mewn hanes Cymru a
barddoniaeth yn ogystal â cherddoriaeth, a gwelir i'r ddwy
elfen hon ddod ynghyd ym mywyd Nansi hefyd. Daeth
hithau'n gyfarwydd â hanes Cymru a hanes lleol a gallai
sgwrsio'n wybodus iawn am y pynciau hyn fel y gall sawl un
dystio. O ganlyniad i ddylanwad ei thad ynghyd â'i hathro
yn ysgol Cwm Du, Soar, a'r ffaith fod yna gysylltiad teuluol
rhyngddi a Cheiriog mae'n debyg, magodd Nansi y ddawn
i farddoni – nid barddoni uchel-ael, ond barddoni
telynegol, cynnil iawn a chrefftus. Gwelir ei llwyddiant yn
y maes hwn yn y ffordd y gallodd addasu ei harddull i
ymdrin â thwr o wahanol bynciau, o serch yn ei cherdd i'r
'Gethwr', i gariad dwyfol Crist a diffuantrwydd cred y
Cristion yn 'Yr Hen Flaenor'; o gân ysgafn, fywiog i blant
yn 'Pry clust a phry copyn', i gân ddoniol at 'H.R.H.
Tywysog Siarls' yn argymell iddo ddewis Cymraes yn
wraig.

Roedd ganddi ddawn i ddisgrifio unrhyw sefyllfa mewn
modd byw, real ac uniongyrchol. Hyd yn oed yn ei
disgrifiadau naturiol o bobl, roedd Nansi'n gallu gweld y tu
hwnt i'r wyneb allanol. Am ei mam, dywedodd ei bod yn:

ddynes grefyddol iawn, heb fod yn gul grefyddol . . .
'Roedd Mam yn flaenor yn ein capel ni – capel
Bethania, ond yn rhy swil i eistedd yn y set fawr.[4]

Dengys hyn ostyngeiddrwydd yng nghymeriad Ann
Richards ac fe drosglwyddwyd yr elfen hon yn

anuniongyrchol i Nansi. Dynes gadarn, galed oedd Mrs Richards ar un wedd ac yn ôl yr argraff a gafwyd gan gyfeillion Nansi, doedd ganddi fawr o amynedd â merch oedd yn teithio'r byd ac yn cymysgu â phob math o bobl. Roedd rhywfaint o gamddealltwriaeth rhyngddynt mae'n bur debyg am nad oeddent o'r un anian. Ymdebygai Nansi o ran ei chymeriad enigmatig i'w thad, ond er hyn oll, roedd Nansi'n meddwl yn fawr o'i mam.

Roedd mam Ann Richards, neu Nain Penybont fel y'i gelwid hi gan Nansi, yn wraig ddeallus iawn ac yn ôl pob tebyg fe ddarllenai'r holl lyfrau Cymraeg a gyhoeddwyd cyn gynted ag y gallai gael gafael arnynt. Fe'i haddysgwyd mewn ysgol breifat yn Llanfair Caereinion ac yn wir, fe gafodd yr holl deulu addysg o safon. Roedd hi'n wraig grefyddol iawn ac yn ymdrechu i gadw at orchmynion y Beibl yn llythrennol. Rhoddwyd yr argraff ei bod yn ddynes fawreddog, falch, braidd yn 'starchlyd', ond eto i gyd yn ôl tystiolaeth llawer un, roedd hi'n wraig hael iawn er yn benderfynol. Un o'r rhesymau dros hyn oedd iddi'i chael ei hun yn weddw a thyaid o blant i'w magu. Trosglwyddwyd yr elfen haearnaidd hyn i'w merch Ann Richards, a phan gollodd hithau ei gŵr flynyddoedd yn ddiweddarach, fe wynebodd hithau'r prawf llym â phositifrwydd penderfynol.

Profiad ysgytwol a thorcalonnus i unrhyw un yw colli baban, a dyna fu hanes Ann Richards. Collodd ei mab bach Dafydd a thorrodd ei chalon. Ebe Nansi:

Plentyn bach oeddwn ninnau (sic) ac yn meddwl nad oedd ei chalon dyner ddim amgenach na thegan a fedrai dorri'n deilchion, a methwn rywsut â deall y torri.[5]

Yn eu galar, rhoesant lain o dir o'u heiddo yn rhodd i Gapel Bethania i greu mynwent lle claddwyd Dafydd bach.

Y ddiod feddwol oedd elfen arall a effeithiodd ar y teulu. Bu farw taid Nansi (ochr ei thad) o ganlyniad i'r ddiod gadarn a deuai ei thad, Thomas Richards adre o'r dafarn yn chwil gorn yn aml iawn. Effeithiodd hyn yn drwm iawn ar Nansi. Oherwydd ei hofnau, llwyrymwrthododd â'r ddiod ac fe brotestiodd yn ei erbyn am weddill ei hoes cymaint fu ei effaith arni.

Un peth oedd yn gyffredin rhwng Thomas ac Ann Richards oedd eu dawn gerddorol a'u diddordeb mewn hybu diwylliant a thraddodiadau Cymreig. Fel y dywedwyd, roedd Thomas yn denor gwerth chweil ac yn athro canu lleol. Roedd Ann yn canu'r piano a hi ddysgodd hen nodiant i Nansi am y tro cyntaf. Medrai Ann ganu'r hen biano Fictorianaidd oedd yn eiddo iddynt yn dda iawn, ond emynau a ganai arno gan amlaf.

Mewn sefyllfa gerddorol o'r fath y magwyd Nansi a does dim rhyfedd iddi ddechrau ar ei gyrfa berfformio yn gynnar iawn yn ei hoes – tair oed a bod yn fanwl gywir. Cyn bod yn bump, gallai ganu dwsinau o alawon ac emynau ar ei chof, a phan oedd yn saith, cafodd ffidil ac fe ddysgodd sut i ganu honno heb gymorth neb:

a chan Bob Tinc y clywais i'r ffidil gynta' erioed. Pan ganai Bob Tinc y ffidil tynnai bob math o smantie ar ei wyneb a stumie ar ei goese a'i gorff, a deuai'r sŵn rhyfeddaf allan o gyfeiriad ei gorn gwddf.[7]

Merch ifanc oedd Nansi'n cael ei ffidil felly, ac yn ôl perthynas iddi,[8] ni fedrai gyrraedd pen arall y ffidil i'w thiwnio, felly cafwyd saer coed lleol i greu dyfais fyddai o gymorth iddi. Methodd â thiwnio ei hofferyn ar un achlysur arbennig, sef pan oedd yn canu'r ffidil yng ngherddorfa Pentyrch Williams, Prifathro ysgol Llanfyllin:

Y perfformiad cyntaf i mi oedd mewn Cymanfa Ganu yng Nghapel Pendref. Pan oeddwn ar hanner chwarae, sylweddolais fod fy ffidil allan o diwn. Stopiais yn bwt, gwgodd Pentyrch arnaf dros ei sbectol – stopiodd y gerddorfa. Crafangodd yn fy ffidil i'w thiwnio, crafanges inne' nôl. 'Men jingos i, 'chewch chi ddim tiwnio fy ffidil i,' meddwn. A chafodd o ddim 'chwaith. Er cymaint cerddor ydoedd, 'roedd fy nghlust i'n feinach na'i glust o. A dyna ddiwedd ar fy ngyrfa fel ffidler yng ngherddorfa Pentyrch Williams![9]

Dyna enghraifft, nid yn unig o graffter cerddorol Nansi, ond o'i thafod ffraeth a'i dawn dweud stori yn ogystal. Cyn inni glywed sôn am na thelyn bedal na thelyn deires, roedd athrylith Nansi i'w glywed yn glir ar lwyfannau Cymru, a llwyfannau Eisteddfodol yn arbennig. Yn rhifyn Mai 1900 o'r *Cerddor*, gwelir y cyfeiriad canlynol:

Eisteddfod Penybontfawr: Unawd ar y Crwth : goreu Miss J. A. Richards, Penybont.

Ar ddechrau'r ugeinfed ganrif roedd y gair 'crwth' yn gyfystyr â'r gair 'ffidil'[10]. Dywed Nansi mewn sgwrs â D. Roy Saer[11] iddi ennill llawer o wobrwyon ar y ffidil cyn bod yn unarddeg oed, a chofiai am un yn arbennig lle cafodd y wobr gyntaf yn Eisteddfod Llanrhaeadr-ym-Mochnant.

Plentyn hynod iawn ydoedd – hynod ei dawn a hynod ei hiwmor, a hyd yn oed yn ei phedwar ugeiniau, roedd hi'n parhau i feddu ar hiwmor plentyn, rhyw ddiniweidrwydd hoffus a chwerthiniad heintus a fedrai ddenu sylw plant ac oedolion fel 'i gilydd. Yn ddiamheuol, roedd yna ddeuoliaeth amlwg yn perthyn i'w chymeriad lliwgar.

Dysgwyd Nansi i ganu'r delyn gan y chwarelwr Tom

Lloyd, Telynor Ceiriog (1858-1917). Athrawon Tom Lloyd oedd John Elias Davies[12], Bethesda, ar y delyn bedal a John Jones y Cwm ar y delyn deires. Enillodd Tom Lloyd fedal aur[13] ac ugain gini yn Ffair y Byd Chicago, 1893 am wneud telyn deires a'i chanu. Yn nhafarn leol y Castell, Llangynog, y derbyniodd Nansi ei gwersi cyntaf ar y delyn a'r unig ffordd i ddysgu canu'r offeryn yn ôl Tom Lloyd oedd o'r glust ac nid o gopi.

Roedd sylfaen techneg Nansi yn ddyledus nid yn unig i Tom Lloyd, ond hefyd i'r sipsiwn a'r hen delynorion chwim eu bysedd – cyfuniad o'u dylanwad hwy ac o gymeriad egnïol Nansi a welwyd yn yr ymdeimlad brwdfrydig, nerthol, heriol bron a gafwyd yn ei pherfformiadau. Gallai Nansi uniaethu ei hunan yn llwyr â'r Sipsiwn a theimlai falchder mawr yn y cysylltiad a fodolai rhyngddynt. Byddai David Wood a'i deulu yn dod i'w chartref yn fferm Penybont ac yn gwersylla yn y gadlas yno. Meddai Nansi yn ei llyfr Cwpwrdd Nansi:

Medrai pump ohonynt ganu'r delyn a'r ffidil . . .[14]

ac mae'n amlwg i hyn greu argraff fythgofiadwy arni ac ar ei dull o berfformio.

Ni thywyllai ei thad na'i thaid y capel. Yn hytrach, eu mangre 'cysegredig' hwy oedd y dafarn leol ac yno y daeth Nansi o hyd i'w chynulleidfa gyson gyntaf (drwy gyfrwng ei gwersi telyn cynnar). Er hynny, cymaint oedd y parch tuag at ei mam yn y tŷ cwrdd fel y gwahoddwyd Nansi yno i ganu'r delyn i gynorthwyo'r addoliad – prawf eto o'r ddau eithaf yn dod ynghyd mewn un person. Ceisiodd Nansi felly bontio'r gagendor a oedd wedi datblygu yn ystod Diwygiadau'r gorffennol rhwng y delyn a'r capel, ond yn ogystal rhwng cerddoriaeth y 'byd a'r betws'[15] ar y naill law, a cherddoriaeth gysegredig ar y llall.[16]

Gwelwyd deuoliaeth anghyffredin ym modolaeth y wraig ddirgel hon, ac er fod llawer yn gyfarwydd â'i henw, a bod nifer fawr wedi'i chlywed yn perfformio neu yn rhyw deimlo'u bod yn ei hadnabod eisoes, gallai fod yn ddieithr iawn mewn sawl ffordd, oherwydd y ddwy wedd anarferol fu'n rhan mor annatod o'i chymeriad.

---

[1] Ganed ef ym Mryn Cynan ger Nefyn, Llŷn. Roedd yn bencampwr ar ganu'r delyn deires ac fe'i penodwyd yn delynor i deulu Syr Watkin Williams-Wyn, Plas Wynnstay, ger Rhiwabon. Ei brif gyfraniad oedd cyhoeddi casgliadau o alawon telyn – *Ancient British Music* (1742), *A Collection of Welsh, English and Scots Airs* (1761), a *British Harmony, being a collection of Ancient Welsh Airs* (1781).

[2] GRUFFYDD, Robert: *Llyfr Cerdd Dannau* (Cwmni y Cyhoeddwyr Cymreig [cyf.] Swyddfa 'Cymru', dim dyddiad), t. 269.

[3] RICHARDS, Nansi (Telynores Maldwyn): *Cwpwrdd Nansi* (Gwasg Gomer, Llandysul, 1972) t. 10.

[4] *Op. Cit.*, RICHARDS, Nansi (1972) t. 26.

[5] *Op. Cit.*, RICHARDS, Nansi (1972) t. 28.

[6] *Op. Cit.*, RICHARDS, Nansi (1972) t. 39-40.

[7] *Op. Cit.*, RICHARDS, Nansi (1972) t. 41.

[8] Mrs Beryl Humphreys mewn cyfweliad â'r awdur (17 Gorffennaf 1989).

[9] JONES, Marged: *Nansi* (Gwasg Gomer, Llandysul, 1981) t. 17.

[10] EVANS, D. Emlyn a JENKINS, D. (golygyddion): *Y Cerddor*, (colofn 1). Ceir y geiriau canlynol:
'Gwerthwyd offerynnau llinynnol . . . grythenau dilys Stradivari.'

[11] Tâp AWC Rhif 627 (12 Rhagfyr 1963) mewn cyfweliad â D. Roy Saer.

[12] John Elias Davies ('Telynor y Gogledd') 1847-1883. Cafodd wersi ar y delyn deires gan James Hughes, Trefriw a D. Morris, Bangor, a gwersi ar y delyn bedal gan William Streatham, Lerpwl.

[13] Cedwir y fedal aur yn Amgueddfa Werin Cymru, Sain Ffagan, Caerdydd. Gwrthrych 63.385.

[14] *Op. Cit.*, RICHARDS, Nansi (1972) t. 42.

[15] Hynny yw cerddoriaeth ffeiriau a thafarnau.

[16] Ceir tystiolaeth bellach o hyn yng ngweithgarwch John Jones y Pwll, Llanrwst. Nai a disgybl disglair i Evan Jones ('Ifan y Gorlan'), Llanrwst. Canai'r delyn yng ngherddorfa Eglwys Llanrwst cyn bod organ yno. Bu farw o'r frech wen yn ddeunaw oed.

PENNOD III

Ysgol Brofiad (1895-1945)

Y DYDDIAU CYNNAR

Roedd Pen-y-bont-fawr a'r cyffiniau yn hawlio lle blaenllaw iawn yng nghalon Nansi gan mai yno y magwyd ei dawn a'i diddordeb cynnar yn y delyn.

Mynychu ysgol Penbont ym Mhen-y-bont-fawr wnaeth Nansi gyntaf ond trawyd hi'n sâl â'r clefyd melyn pan oedd oddeutu 8 oed (c.1896) ac ofnai rhai na fyddai byw. Ni chafodd fynd i'r ysgol am flwyddyn am ei bod yn rhy sâl a gwan. Pan ganiatawyd iddi ddychwelyd, fe'i danfonwyd i ysgol yng Nghwmdu, Penygarnedd, Cwm Soar. Roedd i'r ysgol hon ddau enw – galwai rhai hi'n Ysgol Cwmdu ac eraill hi'n Ysgol Penbryn. Lletyai Nansi gyda'r ysgolfeistres yn Rockside, Penygarnedd, a cherddent filltir a hanner i'r ysgol bob dydd gyda thatws poethion yn eu pocedi i gadw'u dwylo rhag rhewi.

. . . ac ar y landing yn agos i ddrws fy llofft lle roeddwn
yn lletya ym Mhenygarnedd roedd telyn o waith Tom
Lloyd, Telynor Ceiriog, ac yn y fan honno yn fy nghoban
nos y dysgais i chwarae y diwn gyntaf.[1]

Yno hefyd câi wersi piano gan yr ysgolfeistres a chofiai
Nansi hi'n dweud wrthi unwaith:

'Nansi, you are playing by ear.'[2]

Ateb yr ysgolfeistres i hyn yn aml oedd troi'r copi â'i ben i
lawr. Roedd rhaid darllen y gerddoriaeth wedyn. Dengys yr
enghreifftiau hyn fod Nansi, yn yr oed hwnnw, yn meddu ar
glust fain ac yn gallu canu unrhyw beth a fynnai ar y delyn
neu'r piano heb gael copi o'i blaen. Daeth hyn yn ddawn
amlycach wrth iddi ddatblygu fel telynores, ac yn wir, yn ôl
tystiolaeth rhai, gwan fu ei gallu i ddarllen erioed gan nad
oedd yn dibynnu ar y cyfrwng hwnnw er mwyn dysgu
alawon a darnau o gerddoriaeth boblogaidd ar ei chof.
Yn ôl Nansi, un o'r rhesymau eraill iddi symud o ysgol
Penbont oedd ei bod ofn yr ysgolfeistr ac mae'n cyfaddef ar
dâp:

doedd (y)na 'run schoolmaster *caredicach ar wyneb y*
ddaear. Odd gin i ryw hen feddylie gwirion. Odd gynno
(f)o l- Ad – Adam's apple mwy na'r cyffredin ag ôn i ofon
o, ofon yr hen lwmp (y)ma'n 'i wddw (f)o. To(e)dd o'n
beth gwirion, doedd.[3]

Yn ysgol Penbryn y bu wedyn nes oedd yn bymtheg oed
(1903), ac yn ystod y cyfnod hwn, manteisiodd ar y cyfle i
finiogi'i dawn drwy ganu'r delyn yn y Victoria Rooms,
Croesoswallt, lawer gwaith. Wedi iddi adael yr ysgol, aeth
at ei modryb (chwaer ei mam) i Fferm Pontfaen yn y Waun

am rai misoedd er lles ei hiechyd. Yna, teithio o un lle i'r llall gan ddod gartref i Fferm Penybont o dro i dro. Mynychai eisteddfodau, cyngherddau a nosweithiau llawen yn y tai ffermydd lleol a hynny'n ddiderfyn. Doedd hi byth adref.

DECHRAU GYRFA

Eisteddfod Trallwng 1906 oedd yr Eisteddfod gyntaf i Nansi gystadlu ynddi ac roedd yn ddiwrnod stormus, y glaw yn diferu, y delyn yn wlyb domen a'i thannau yn rhacs.[4] Pant Corlan yr Ŵyn (gydag amrywiadau) a ganodd, ond John Roberts, Telynor Cymru, a orfu. Yna, bu'n cystadlu yn Eisteddfod y Gwŷr Ieuainc, Pwllheli. Bob Jones, Britannia Inn, Llannerch-y-medd aeth â bryd y beirniad y tro hwnnw. Telyn deires oedd gan Nansi Richards a thelyn bedal gan 'Bob Britannia', ac fe ddywedodd y beirniad wrth Nansi, gan roi coron yn ei llaw,

> . . . *myn di delyn arall fy ngeneth i – wnei di fawr ohoni hefo honna.*[5]

Rhyfedd meddwl am ddiffyg gweledigaeth y beirniad gan mai trwy ei gwaith gyda'r delyn deires yr enillodd Nansi glod ac enwogrwydd byd-eang.

Yn 1908, 1909 a 1910 daeth Nansi'n fuddugol yn y Brifwyl ar yr unawd ar y delyn deires. Yn Llangollen yr oedd yr Eisteddfod yn 1908 ac ar gyfer honno yn ôl pob tebyg roedd wedi plygu ar ei gliniau cyn noswylio i ofyn am y wobr. Wrth wneud hyn, cofiodd fod Dafydd Roberts y Telynor Dall o Fawddwy yn cystadlu hefyd ac yna mentrodd ofyn i Dduw roi'r wobr i'r Telynor Dall os oedd yntau wedi gweddïo hefyd.

Yn ogystal â'i gwaith yn cynnal yr arfer o ganu'r delyn deires, gwelir fod Nansi Richards hefyd wedi cyfrannu'n hael at barhad sawl traddodiad arall. Yn eu plith, dawns y glocsen. Dyma'r hyn ddywed Nansi yn ei llyfr *Cwpwrdd Nansi*:

Yn un o Eisteddfode enwog Llanrwst erstalwm, lle roeddwn i'n delynores swyddogol am flynyddoedd, fe gynigiais wobr o dair gini am Ddawns y Glocsen neu Ddawns Llofft Stabal.

Nid oedd y Pwyllgor am gynnwys y gystadleuaeth am nad oedd hi o fewn traddodiad yr Eisteddfod.

'A gawn ni eich tair gini at rywbeth arall?' meddent, ond gwrthodais.

Sut bynnag cefais fy nymuniad, ond nid ar y llwyfan y bu'r gystadleuaeth ond yn iard yr ysgol. Roedd tri neu bedwar yn cystadlu a chriw o bobl yn mwynhau'r cystadlu. Caradog Puw y Bala gafodd y wobr gyntaf a Hywel Wood yr ail. A dyna gychwyn y ddawns mewn eisteddfod a gorsedd.[7]

Dengys yr enghraifft uchod natur benderfynol Nansi yn enwedig lle'r oedd parhad traddodiad yn y fantol. Dyna ddaw i'r amlwg yn ei chymeriad fel telynores hefyd – ei phendantrwydd a'i syniadau cadarn, beth bynnag oedd barn neb arall.

Dylid sylweddoli fodd bynnag nad 'Arglwyddes y Deires Dirion'[8] yn unig oedd Nansi Richards ond awdurdod teilwng iawn ar y delyn bedal hefyd. Yn ferch ifanc ddwy ar hugain oed, aeth i'r Guildhall yn Llundain i dderbyn gwersi ffurfiol gan yr athrawes Madam Arnold. Syr Ernest Rhys a Walter M. Gallaghan ddarbwyllodd Nansi i fynd i'r Coleg wedi iddynt glywed iddi ennill am y trydydd tro yn yr Eisteddfod Genedlaethol. Cafodd aros am fisoedd yn nhŷ Gallaghan cyn symud yn y man at yr Uwchgapten a Mrs

Dawson yng Ngorllewin Kensington. Yn y Guildhall, treuliodd flwyddyn gron yn newid ei dull o ganu'r delyn – o'r ysgwydd chwith (sef y ffordd draddodiadol Gymreig o ganu'r delyn gyda'r llaw chwith yn canu'r alaw), i'r ysgwydd dde (gyda'r llaw dde yn canu'r alaw). Yn ôl Nansi, bu'n wastraff amser llwyr:

> *O fues i'n y Guildhall Llundain am dipyn ond o'n i'm (y)n licio'n athrawes (y)no. Allwn i'm cym(r)yd ati ag o'n i mor ifanc o'n i'n benderfynol nad oedd hi ddim yn gerddorol. Cwbl oedd hi isho oedd amser, oedd dim ots am ddim math o* expression, *a enw honno oedd Madam Arnold a pan oedd hi'n chwarae mewn cyngherddi fedra (h)i (ddi)m tiwnio'i thelyn – o(e)dd rhaid iddi gael piano tuner (h)efo hi, a mi gymes yn'i herbyn hi a wnawn i, o'n i'n berffaith stiwpid. Mi ddos adre . . . Ond peth gollodd fy amser yn Llunden o(e)dd yn deud* 'You cannot play the treble with your left hand. You must reverse.' *A mi gymodd fiso(e)dd imi ddysgu rifyrsio. Yn y diwedd o'n i'n medru chwarae'r alaw efo'r ddwy law ond yn ôl byth er hynny i'r chwith.*

Roedd hi erbyn hynny felly yn ymgorffori, nid yn unig y traddodiadol a'r anffurfiol (a dderbyniodd trwy gyfrwng ei hathro Tom Lloyd), ond hefyd y clasurol a'r ffurfiol (o ganlyniad i'r gwersi yn Llundain). Dawn Nansi oedd iddi allu cynnal y ddau draddodiad heb i'r naill rwystro datblygiad y llall.

Hyd at ei dyddiau olaf roedd hi yr un mor benderfynol y dylid canu'r delyn yn y dull traddodiadol:

> *Mae o yn naturiol. Mae'n nes i'r galon ydi'r alaw. Mae'n direct o'r galon, (d)oes 'na ddim byd rhyngddo chi. Mae'n mynd drw(y)'ch calon chi i'ch bys chi yn syth i'r tant . . .*[10]

Un o'i dadleuon eraill oedd fod yr alaw yn cael ei chanu gyda'r llaw chwith ar offerynnau llinynnol, ac felly hefyd y dylid gwneud gyda'r delyn. Dylanwad y piano (offeryn taro) yn ei thyb hi a barodd i rai ganu'r alaw ar y delyn gyda'r llaw dde yn hytrach na dilyn yr hen ddull traddodiadol Cymreig. Yr hyn sy'n ddiddorol fodd bynnag yw iddi ymhen blynyddoedd fynd ati i hyfforddi un o'i disgyblion (Haf Watson) i ganu'r delyn ar yr ysgwydd chwith yn gyntaf,

ond roedd hi fel tae hi isho fy narparu i i fynd i'r Academi. Felly newidiodd a gwneud imi ddysgu ar yr ochr dde.[11]

Tybed ai'r atgofion o'i chyfnod yn y Guildhall barodd iddi wneud y fath safiad?

Yn ôl ei pherthynas Martha Francis, cael ei noddi i fynd i'r Guildhall wnaeth Nansi a phan fu farw'r noddwr, gyda'i thad yn gwario'i holl arian ar y ddiod gadarn, bu rhaid iddi ddod adref. Efallai mai cyfuniad o'r ddwy ffaith hon (methu cyd-dynnu â'i hathrawes, a dim arian i'w chynnal) a barodd i Nansi ddychwelyd i Fferm Penybont ymhen y flwyddyn (1911).

Tra'r oedd yn Llundain fodd bynnag, gwnaeth yn fawr o'i chyfle, ac arferai ganu'r delyn i Lloyd George a'i deulu yn 10 Stryd Downing – sefyllfa bur wahanol i honno yn Nhafarn y Castell, Llangynog, lle'r arferai Nansi ddiddanu cwsmeriaid selog Dyffryn Tanat rai blynyddoedd ynghynt. Yn 1911, bu'n diddanu'r Teulu Brenhinol ar adeg arwisgiad Edward yr Wythfed ym Mhlas Machynlleth. Rhaglen o alawon Cymreig gan John Thomas (Pencerdd Gwalia), John Parry 'Ddall', ac Edward Jones (Bardd y Brenin), oedd ganddi ac o ganlyniad i'w gwaith y noson honno, cai ystyried ei hunan yn 'Delynores Frenhinol', a defnyddio arfbais frenhinol ar ei rhaglenni. Roedd ganddi barch mawr tuag at aelodau'r Goron a chwaraeodd y delyn o'u blaenau ar sawl achlysur. Oherwydd iddi dreulio cyfnod yn Llundain a gwneud y fath waith, derbyniodd barch mawr gan delynorion clasurol o bob cwr o'r byd a thyfodd eu hedmygedd hwythau ohoni gyda threigl amser. Gallai Nansi apelio at delynorion clasurol proffesiynol ei dydd yn ogystal ag at y werin Gymreig.

Cyn iddi ddychwelyd adref yn 1911, aeth o amgylch y 'Music Halls' gyda chwmni Moss and Stoll ac meddai yn ei hunangofiant:

> . . . *ni bûm yno'n hir. Roedd fy* stage etiquette *yn anobeithiol, a fy mam yn gwaredu rhag ofn imi droi yn deg bechadures mewn lle felly.*[12]

Bu yn y Coliseum, Hippodrome a Tivoli (Llundain) dan ofal Happy Fanny Fields. Derbyniai £15 yr wythnos yn ystod y mis cyntaf a £25 yr wythnos wedyn. A dyna newid byd arall iddi. Bellach roedd hi'n cymdeithasu â chriw gwahanol iawn o gerddorion a chynulleidfaoedd ac yn gorfod addasu'r gerddoriaeth a chwaraeai i weddu i'w hamgylchiadau. Yn ei gallu i ddygymod â newid byd ymhob cyfnod o'i hoes, y daeth ei llwyddiant. Yn y 'Music Halls' byddai Nansi'n canu alawon Cymreig gydag amrywiadau, alawon poblogaidd y cyfnod, ynghyd â gwneud triciau â'r delyn er mwyn denu sylw. Gallai ganu dwy delyn ar unwaith, canu'r delyn â'i chefn ati a gwau papur punt rhwng tannau bas y delyn i gyfleu sŵn dawns y glocsen. Un arall o'r triciau hyn oedd canu dwy alaw hollol wahanol ar yr un pryd, e.e. Pwt ar y bys gydag un llaw a Phibddawns Gwŷr Wrecsam â'r llall. Daw'r ddeuoliaeth gerddorol yn ei chymeriad i'r amlwg mewn gweithred fel hon hyd yn oed, sef canu dwy gainc draddodiadol Gymreig ond eu trin mewn modd clasurol drwy osod y naill uwchben y llall mewn gwrthbwynt dwbl.

Wedi iddi deithio o amgylch y 'Music Halls' am ryw dri mis, roedd hi'n hiraethu'n fawr am Gymru ac adre y bu raid iddi ddod. Cynhaliodd nosweithiau llawen di-rif a dal ati i ddiddanu cannoedd o Gymru yn ei dull dihafal hi ei hun, gan wau'r traddodiadol a'r clasurol yn dynn gyda'i gilydd trwy gyfrwng y delyn.

Yn 1912, derbyniwyd Nansi yn aelod o'r orsedd yn Eisteddfod Genedlaethol Cymru Wrecsam:

> . . . *ple gymerais yno waith Bessie Jones, Telynores Gwalia, dewisodd Eifionydd a Chadfan fy ngalw yn delynores Maldwyn; os telynores o gwbl, Telynores Tanat oedd fy newis i.*[13]

Bu cyfeilio mewn Eisteddfodau mawr a mân trwy Gymru benbaladr ar hyd ei hoes yn un o swyddogaethau pwysig arall Nansi Richards. Ar un adeg yr oedd cwmni opera yn bodoli ym Methesda ac yn 1913 roeddent yn perfformio'r chwaraegan *Aelwyd Angharad* gan y Dr J. Lloyd Williams a Llew Tegid, ym Mhafiliwn Rhyl, gyda Nansi'n gyfrifol am ddarparu'r cyfeiliant. Roedd hi'n gerddorol amlochrog yn ddios, wedi ennill cryn brofiad hyd yn oed yn gynnar iawn yn ei gyrfa.

Yn 1914, bu Nansi'n dirprwyo i'r delynores a weithiai i'r Cwmni Opera, Moody Manners yng Nghorwen. Cyfeilio i ganeuon y ddau frawd Frank a Flintor Moorhouse oedd ei chyfrifoldeb yno. Detholion allan o'r operâu *Il Trovatore*, *Maritana*, *Bohemian Girl* a *Cavalleria Rusticana* oedd yr eitemau.

Adeg y Rhyfel Mawr (1914-18), ymfudodd Nansi at ei modryb i Wolverhampton. Cyfnither i'w thad oedd hi ac yr oedd arni eisiau merch gan nad oedd ganddi un. Ei haddewid oedd y byddai'n gadael ei harian i gyd i'w theulu (h.y. ei 'merch'). Mrs O'Brien, Tudor House, Tudor Road, Heathtown, Wolverhampton oedd y fodryb honno a meddyg oedd ei gŵr. Yn ôl yr hanes, un noson, roedd ofn mawr ar Nansi ac felly dyma godi a mynd at y morwynion i gysgu. Pan glywodd Mrs O'Brien hyn, fe aeth o'i chof. Teimlai Nansi braidd yn euog gan iddi ddweud wrth ei mam cyn gadael:

'Dw i mynd i fod yn lady rwan, cael eiddo Auntie i gyd. Rhaid mi (dd)im trampio hyd y wlad.[14]

Aeth pethau o ddrwg i waeth yn anffodus, yn enwedig gan fod 'Auntie' wedi trefnu gŵr ar gyfer Nansi. Yn y diwedd, cysylltodd Nansi â pherthynas arall yn Lichfield gan ofyn iddi drefnu swydd ar ei chyfer. Cafodd waith mewn swyddfa masnachwyr gwin fel clerc llyfr cyfrifon. Doedd ganddi ddim profiad yn y maes ac ar ôl wythnos o fethu â mynd i'w gwaith o ganlyniad i 'salwch', welwyd mohoni wedyn. Fodd bynnag, parhaodd i letya yn Lichfield, a chyfaddefodd i'w rhieni yr hyn a wnaeth gan ofyn iddynt ddanfon ei thelyn ati.

Cyrhaeddodd y delyn ymhen hir a hwyr ond nid oedd neb wedi ei chanu ers blynyddoedd a bu rhaid rhoi tannau newydd arni cyn ei thiwnio. Gan nad oedd piano ar gyfyl y lle nid oedd gan Nansi syniad beth oedd y traw cywir, felly aeth i gnocio ffenestr rhyw dŷ cyfagos lle'r oedd merch yn canu'r piano a gofyn iddi daro'r nodyn C. Argraffodd hwnnw ar ei meddwl nes cyrraedd adre a thiwnio'r hen delyn. Ni chafwyd taw ar ei thannau y noson honno a thua un o'r gloch y bore daeth cnoc ar ddrws y tŷ, a bargyfreithiwr cefnog yno'n gofyn os oedd Nansi'n cymryd ei chyflogi. Gan ei bod ar y clwt, cytunodd i chwarae mewn cinio pwysig ymhen yr wythnos a chael deg gini am ei gwaith – cyflog teilwng iawn y dyddiau hynny.

Gwahoddwyd hi i fynd yno ymhen pythefnos eto i gyfarfod
â'r cyfansoddwr James Coleman, oedd yn berchen ar
bictiwrs lleol. Roedd yn gobeithio y byddai Nansi'n rhydd i
ganu'r delyn rhwng eitemau iddo. Fe aeth Nansi i'r cinio,
cyfarfu â Coleman a chafodd gynnig £4 yr wythnos am
chwarae. Yn y cinio hwnnw, fodd bynnag, fe'i rhoddwyd i
eistedd drws nesaf i'w hewythr – y meddyg o
Wolverhampton, a bu raid i Nansi egluro'r holl sefyllfa iddo
yn y fan a'r lle a dweud pam y gadawodd gartref ei modryb
mor ddisymwth. Geiriau ei hewythr yn ôl Nansi oedd:

'I don't blame you, my child . . . I don't blame you!'[15]

Dengys y pwt stori hon sut y gallai Nansi fanipiwleiddio
pobl, yn anfwriadol ddigon efallai, ond er hynny, troi
popeth er ei lles ei hun. Mae'n ymddangos fod ganddi
freuddwyd ramantaidd i fod yn wraig fonheddig ond yn y
bôn, ni fedrid ei gwahanu oddi wrth ei thelyn. Pan âi
pethau'n ddrwg troi at y delyn a wnâi am gysur. Gadawodd
yr ardal gan deithio o le i le ac o aelwyd i aelwyd gyda'i
thelyn. Yn ystod y rhyfel hefyd, bu'n chwarae bob nos
Sadwrn yn rhad ac am ddim i'r milwyr yng Ngobowen ac
yno gyda hi roedd Jac Foulds (Croesoswallt), gŵr ei
chyfnither. Gydag ef y cyfansoddodd 'Who made all'
(unawd i soprano neu denor) ac Y Wawr (unawd i
gontralto neu fariton).[16]
    Daeth y rhyfel i ben a hefyd gwaith Nansi fel diddanwr
proffesiynol. Bu'r cyfnod yn un prysur a gwerthfawr iddi
mewn mwy nag un ystyr. Bu raid iddi chwilio am waith ar
hyd ac ar led y wlad, gan dderbyn popeth a gynigiwyd iddi.
Canlyniad hyn oedd profiad eang mewn sawl maes
cerddorol a diwylliannol.
    Nid oedd yr Eisteddfod Genedlaethol byth ymhell o'i
golygon ychwaith – disgyblaeth wahanol eto oedd cyfeilio

i'r canu penillion yn ystod y dydd a'r unawdau mawreddog gyda'r nos. Adroddodd stori arbennig amdani'i hun yn cyfeilio yn Eisteddfod Corwen, 1919:

I remember appearing in one concert at Corwen with Ifor Foster, neither did he nor anyone else know that I had played all day at the Eisteddfod in my nightdress with a crush blue linen coat over it sweating on a hot August day! 'Nansi, you are hot, take your coat off' but how could I? I started the day's work at 8.30 in the morning at a Gorsedd, I just woke up when the Bard and the Procession passed my bedroom window so I put a piece of elastic round my waist and reached the Gorsedd + opened it with a Welsh air + variations! Went straight to the Prelims for penillion accomps, back + forth from the prelims to the stage all day then the concert! I had ginger beer + biscuits at the prelims and supper 11.15 at the Glyndwr Hotel (Corwen)![17]

Roedd rhywbeth hynod mewn cymeriad a allai weithio o dan y fath amgylchiadau ac eto roi cystal sioe.

MAGU PROFIAD

Erbyn 1922, gwelwyd Nansi'n amlygu'i dawn fel cyfansoddwr a bardd gyda'r gân ysgafn nas cyhoeddwyd, 'Nid yw Cariad yn Ddall'. Dyma enghraifft gynharaf o'i gwaith i ddod i law ac mae'n ddigon derbyniol yn y modd y'i hysgrifenwyd er nad yw'n gwbl gadarn o ran nodiant ar adegau.[18]

Flwyddyn yn ddiweddarach, mentrodd i'r America fel telynores broffesiynol a chafodd dderbyniad gwresog yno. Trefnodd i fynd i aros at ei brawd yn Battle Creek, Michigan, ond bu bron iddi â llwgu cyn cyrraedd yno. Er bod ganddi docyn i deithio yr holl ffordd at ddrws tŷ ei brawd, nid oedd wedi meddwl newid ychydig o'i harian yn ddoleri er mwyn talu am fwyd ar y ffordd yno. Yn ei geiriau ei hun,

mi gyrhaeddais Battle Creek yn fyw ond cyn feined â slywen.[19]

Prawf pellach nad oedd Nansi wedi meddwl am drefniadau ymarferol o gwbl – yn enwedig pan fo'r trefniadau hynny'n ymwneud ag arian. Trwy gydol ei hoes, clywir amdani'n rhoi o hyd heb fynnu dim yn ôl, gan ddioddef yn galed weithiau o ganlyniad i'w chymwynasgarwch di-ben-draw.

Ceir cryn ddirgelwch yn gysylltiedig â'i chyfnod yn Unol Daleithiau'r Amerig. Gwyddys fod ymateb Nansi i'r America a'r Americanwyr yn wahanol iawn i ymateb yr Americanwyr i Nansi. Dychrynwyd hi gan fywyd ac ymddygiad ei chyd-weithwyr yn y 'Music Halls' ym Mhrydain ond roedd yr ergyd yn fwy fyth yn yr Unol Daleithiau. Fe ddaeth adref a dweud iddi wrthod aros yno am fod bywyd yno mor anllad a'i bod wedi dychryn gweld yr hyn oedd yn dderbyniol ymysg pobl ym myd y theatr. Rhaid cydnabod bod ganddi safonau moesol uchel iawn ac roedd pawb a'i hadwaenai'n dda yn ymwybodol fod y cyfnod hwn yn un trist yn ei hanes er nad oedd yn barod i sôn llawer amdano.

O safbwynt trigolion America, bu Nansi'n llwyddiant mawr. Ar frig dau lythyr a ddanfonwyd o'r America ceir y canlynol:

The New Jersey, Lyceum Bureau
takes pleasure in presenting
Miss Nansi Richards
Royal *Welsh* Harpiste

FOREWORD

Born mid the rugged hills of quaint and picturesque Wales, where music is secondary only to the earning of bread, Miss Richards has inherited that sincerity of interpretation and true pathos of expression which only comes from years of unremitting devotion and natural love for this most soulful instrument of all . . . the Harp.

Dyma ddisgrifiad 'Hollywood-aidd' oreiriog ei hasiant ohoni ac er iddi gael ei 'gwerthu' ganddynt yn America, yr un yw tystiolaeth pawb, sef iddi lwyddo i gadw ei phen o dan yr holl gyhoeddusrwydd a pharhau i berfformio yr un fath – boed o flaen arlywyddion neu ar aelwyd leol mewn noson lawen.

I droi at ei llwyddiant proffesiynol, gwelir y deyrnged ganlynol ar boster cyngerdd:

Miss Richards' harp playing and singing produce the highest possible in that art, and brings out of one's Soul the highest and noblest emotions.

Dyna oedd barn y Dr Dan Protheroe[20] amdani yn y papurau newydd a cheir dyfyniadau eraill hefyd sy'n crynhoi ei llwyddiant tra ar ymweliad â'r wlad:

U.S. EISTEDDFOD SUCCESS

The Welsh harpist, Miss Nansi Richards of Penybontfawr, Oswestry, is creating an excellent impression in the United States. She received a great ovation at the Utica National Eisteddfod, at one meeting of which she sang 'Cloch y Llan' (The Church Bell) so feelingly that Dr Dan Protheroe, the well-known Welsh-American musician, was seen with his face buried in his hands and in tears. Miss Richards hopes to return to Wales in time for the Powys Eisteddfod.

BRENHINES Y DELYN
Gadewch inni adael y Deddfau a'u trybestod a sôn am rywbeth mwy cydnaws a natur lednais y Cymro. Gofynnai cyfaill i mi y dydd o'r blaen, pryd yr oedd Telynores Maldwyn (Miss Nancy Richards) yn dod adref o'r America? Nis gallwn i ateb y cwestiwn, ac nid wyf yn meddwl y gall neb arall gydag un math o sicrwydd. Yr hyn a wyddom yw ei bod wedi myned yno ers blwyddyn a thri mis, ac felly, mae wedi aros yno ymhell dros yr amser y bwriadodd aros, ac y mae hynny yn arwyddo'n dda a dweud y lleiaf. Daeth i'n llaw y dydd o'r blaen un o bapurau Ianci, ac ynddo grybwylliad lled bwysig amdani. Cafodd y fraint a'r cyfle i ganu ei thelyn bêr i'r Telynor Italaidd enwog (Sevasta), a chafodd deyrnged ganddo gwerth ei dodi mewn llythrennau breision ar greigiau Maldwyn. Mewn byr eiriau, dyna ddywedodd am ein Telynores ni, sef mai ganddi hi oedd y 'Technique' a'r 'Soul' gore a glywodd erioed. Gadawn y geiriau ddefnyddiodd yn yr iaith y llefarwyd hwy.

Tynnwyd llun ohoni draw yn Obenau Studio, Utica, Efrog Newydd ym mis Mai 1924 ac fe ddefnyddiwyd hwnnw'n bennawd i'w llythyrau. Lluniwyd cerdyn hefyd ar ei chyfer yn nodi ei henw a'i chyfeiriad, ynghyd â'r ffaith ei bod ar gael i roi gwersi a datganiadau. Derbyniodd y delyn aur gan gwmni Lyon & Healy (Chicago) a chafodd y cyfle i gwrdd ac i ganu'r delyn o flaen yr Arlywydd Calvin Coolidge, y telynorion enwog Sevasta a Grandjany, Henry Ford, trigolion Prifysgol Yale, ynghyd â chymuned o Indiaid Cochion gan dderbyn telyn fechan ar ffurf pendant a bwyell o gerrig yn rhodd ganddynt. Un o uchafbwyntiau ei hymweliad oedd y profiad o ganu'r delyn yn ffatri fwyd Kellog a chael prydau droeon gyda Mr Kellog a'i frawd Dr Kellog. Meddai yn *Nansi:*

Un bore, pan oeddwn ar frecwast, dyma fo'n gofyn am awgrymiadau am ryw lun trawiadol i'w roi ar y paced cornfflecs, rhywbeth fuasai'n tynnu sylw'r cwsmer. A dyma finne'n ddigon diniwed yn awgrymu llun ceiliog. Kellog – ceiliog – cockerel. A myn jingos i, fe dderbyniodd yr awgrym. Sylwch chi ar eich bocs cornfflecs bore 'fory![21]

Fel telynores, cawn yr argraff iddi gael cryn lwyddiant yn America ond er hynny roedd Nansi yn berson y filltir sgwâr ac yn hiraethu'n fawr am Gymru. Ond adre y daeth a hynny i groeso twymgalon Dyffryn Tanat gyda baneri'n chwifio o gopa'r tai i groesawu 'Brenhines y Delyn' yn ôl,

. . . ond 'doedd cyrraedd adre ddim yn esgus i segura. Clymais label gyda'r geiriau 'Travelling Musician' ar fy nhelyn er mwyn cael ei chario am ddim ar y trên, – deliais i grwydro.[23]

Sonnir amdani mewn un llythyr yn crwydro mor bell â Halifax (Lloegr) i draddodi darlith ar Gymru a'r canmol mawr ddaeth iddi yn y llythyr diolch a ddanfonwyd ar 5 Mawrth, 1926. Yn ogystal, daethpwyd o hyd i rai rhaglenni cyngerdd yn dyddio o'r dauddegau:

a) Yn Neuadd y Pentref, Carno cynhaliwyd Cyngerdd Mawreddog ar nos Iau, 29ain o Ebrill 1926. Caed nifer o artistiaid byd-enwog yn y cyngerdd ac fel hyn y disgrifiwyd hwy –

SOPRANO – Miss Mair Jones, Llundain, 'The foremost Welsh Soprano';
CONTRALTO – Miss Mary Foster, Walsall, 'A Great Broadcasting Favourite';
TENOR – Mr Walter Glynne, Llundain, 'The Tenor of the Day';
BAS – Mr Glanville Davies, Porthcawl, 'The Eminent Welsh Baritone';
TELYNORES – Miss Nansi Richards (Telynores Maldwyn), 'The Leading Harpist';
CANWR PENILLION – Mr J. E. Jones (J.E.), 'The Great Professional Penillion Singer';
CYFEILYDD – Mr J. M. Nicholas, A.R.C.M., Rhuthun.

Yr alaw 'Morfa Rhuddlan' oedd y darn cyntaf yn ei rhaglen ac yna 'Winter' gan John Thomas. Yn ogystal â chyflwyno dwy gyfres arall o ddarnau, roedd yn cyfeilio i'r datgeinydd J. E. Jones.

b) Ar nos Iau, y 26ain o Ebrill 1928 (am 7.45 pm), cynhaliwyd Cyngerdd Mawreddog yn Neuadd Kingsway, Llundain, W.C.2., gyda'r diben o godi arian i dalu'r ddyled o 500 ar Ficerdy Eglwys Gymraeg Sant Padarn, Holloway, N.7. Yn y cyngerdd oedd, Miss Megan Thomas (Soprano), Miss Dilys Jones (Contralto), Mr Ben Davies (Tenor), Mr Ivor Foster (Bariton), Miss Nansi Richards (Telynores), Mr Rhys Arthur (Adroddwr), Miss Margaret Davies (cyfeilydd a phianydd), Côr Meibion Cymry-Llundain o dan arweiniad Mr Horatio Davies a'r cyfeilydd Mr George A. Thomas.

c) Ym Mhafiliwn Caernarfon, cynhaliwyd cyngerdd Cymreig dan nawdd Cymdeithas Gorawl Caernarfon ddydd Iau, 20 Medi 1928 gyda Leila Megàne, Owen Bryngwyn a Walter Glynne yn rhoi unawdau a Chôr y Delyn, Treuddyn yn canu penillion. Dwy alaw Gymreig ganwyd gan Nansi Richards sef Gwŷr Harlech a Bugeilio'r Gwenith Gwyn (y ddau ddarn yn drefniannau gan John Thomas ['Pencerdd Gwalia'].)

ch) Cwmni enwog Côr y Delyn, Treuddyn, Miss Gwen Davies (Telynores), Mr Evan Roberts (canwr penillion), Mr Edward Hughes (Bas-bariton) a Miss Gwyneth Roberts (Adroddwraig) gadwai gwmni i 'Madam Nansi Richards-Jones (Telynores Maldwyn) o Brif Gyngherddau Cymru, Lloegr, a'r Unol Daleithiau', mewn Cyngerdd Mawreddog ym Mhlas Mwynwyr, Rhos, nos Fercher, Rhagfyr 11eg, 1929.

Fel y gwelir o'r enghraifft uchod roedd Nansi'n briod erbyn 1929, yn briod â gŵr a weithiai mewn banc – Mr Cecil Maurice Jones – a drodd wedyn yn ffermwr. Ar y pryd, roedd Nansi yn ddeugain oed, a Cecil yn wyth-ar-hugain! Mab i Fferm Cyffdy, Parc, Y Bala, oedd Cecil ac roedd yntau a'i frawd, Bertie, yn enwog iawn yn yr ardal fel hogiau moto-beics. Roedd Cecil yn byw yng nghysgod ei frawd, yn hogyn dirodres. Bu mewn damwain beic modur drwg pan oedd yn bump-ar-hugain oed a chracio gwaelod ei benglog. Cofiai Nansi rai'n dweud wrthi,

'Don't expect him to be ever sane again, because he has cracked the base of his skull'. *Ag odd o'n wallgo ar brydie. Un o fil fedre fyw efo fo, ond odd o'r gore'n y byd wrtha i wedi cyfan i gyd.*[25]

Priodas sydyn iawn gafodd y ddau – Nansi'n cytuno i

briodi Cecil ar chwarae bach, a Cecil yn ei chymryd o ddifrif a threfnu'r cyfan. Yn y gofrestrfa ym Machynlleth y priodwyd hwy – cyrraedd yno ar gefn moto-beic, Nansi mewn sgert, gwasgod las a blows wen, yn ysu am gael bod yn unrhyw le ond yno ar y pryd. Wedi'r briodas, cafwyd mis mêl yn Aberdaron. Ni chyflawnwyd eu priodas o gwbl. Gosododd Nansi ei thelyn a'i gyrfa fel cerddor proffesiynol yn gyntaf bob tro. Eto i gyd, rhaid cofio'i geiriau am Cecil:

. . . odd o'r gore'n y byd wrtha i.

a'i thystiolaeth hi yw'r un bwysicaf yn y mater hwn. Aiff ymlaen fel hyn:

On i byth yn taeru dim efo fo. Weles i o'n dyrnu'r car efo ffon. Methu mynd i fyny rhyw riw. Rwbeth (we)di digwydd i car. Cym(r)yd ffon o – a dyrnu'r car, cofiwch. Odd o'n gwbod dim byd be odd o'n neud . . . A – y fi odd bob peth genno (f)o. Ddoi o adre i'r tŷ â mwy o bethe, o joclets ag o bethe na fedswn i 'i byta byth . . . Yn ffeind wrtha i. Ond touches gwirion, yndê, fel (n)a.[26]

Roedd Nansi'n un dda am wneud ymenyn yn ôl tystiolaeth amryw ond yn anobeithiol am gadw tŷ! Yn ôl un tyst hefyd, byddai Nansi mor hoff o anifeiliaid nes y byddai'n anfodlon iawn eu gwerthu – rhwystr i unrhyw ffermwr! Mae'n bur debyg mai ei chariad tuag at anifeiliaid o bob math a wnaeth iddi fabwysiadu'r enw barddonol 'Melangell'.[27]

DAWN Y TRIDEGAU

Gyda sefydlu Côr Aelwyd ym Meddgelert yn 1928 a Chôr Telyn Eryri yn 1930, agorwyd pennod newydd yn hanes

Nansi – pennod a gynhyrchodd gannoedd o berfformiadau ar hyd ac ar led y wlad ac a arweiniodd at Gôr Telyn Eryri yn cael ei gydnabod fel un o sefydliadau amlycaf Cymru'r cyfnod.

Aeth Cecil a Nansi i fyw i Madog Café, Tremadog yn fuan iawn ar ôl priodi (1928) gyda Cecil yn uno mewn partneriaeth garej gyda'i frawd, Bertie. Tra'r oeddent yn byw yn Nhremadog, daethant ar draws gwraig o'r enw Edith Evans (Telynores Eryri) a ddotiodd at y syniad o gael rhai o blant yr ardal ynghyd i ganu penillion gyda thelyn yn hytrach nag i gyfeiliant piano. Wedi cyfarfod, mynegodd Nansi ddiddordeb mewn sefydlu 'Côr Aelwyd' oedd i gynnwys Pyrs, Miriam a Fflo Roberts (brawd a dwy chwaer), Nansi Richards ac Edith Evans, Eos Gwynant[28] a Gladys Roberts. Ym mis Ebrill, 1930, gwahoddwyd y Parti i gynnal cyngerdd ym Meddgelert. Trefnodd Edith Evans bopeth gyda'r côr bychan a chafwyd Carneddog i arwain y noson. Roedd Nansi wedi gosod geiriau 'Bugail Aberdyfi' ar yr alaw 'Pen Rhaw' i Pyrs Roberts ac yn ei ddehongliad o 'Bugail Hafod y Cwm' daeth Pyrs â'i gi gydag ef ar y llwyfan – camp a fodlonodd y gynulleidfa yn fawr.

Ymhen rhai misoedd, daeth gwahoddiad o Gricieth i fynd i gynnal cyngerdd yno a chan i Nansi benderfynu fod rhaid cael telyn i Fflo Roberts, dyma drefnu nosweithiau llawen yn y Waterloo Hotel (Betws-y-coed), yn y Cliff Hotel (Bae Trearddur) ac yn y Craigside Hydro (Llandudno) i godi arian i brynu'r offeryn.

Ar gyfer Eisteddfod Genedlaethol yr Urdd ym Machynlleth yn 1932, bu Nansi wrthi'n ddygn yn dysgu'r côr i ddawnsio step y Glocsen – a daethant yn fuddugol. Wedi'r Eisteddfod, penderfynwyd sefydlu côr mwy o ran maint. Cynhaliwyd eu cyngerdd cyntaf yng Nghricieth yn 1932 a bu hwnnw'n llwyddiant drachefn. Dysgodd Nansi i'r plant ganu cylch yn ogystal, gyda'r côr yn canu'r pennill cyntaf a phob aelod yn cael canu pennill yn ei dro fel unawdydd cyn ymuno â'i gilydd i gloi. Wedi'r cyngerdd yng Nghricieth, clywodd Mrs Davies, Guildhall, Caernarfon amdanynt a chan fod ffilmiau'n cael eu harddangos yn y Guildhall bob noson o'r wythnos fe'u gwahoddwyd i gynnal cyngerdd yno ar ddydd Sul. Drachefn cafwyd llwyddiant gyda'r lle yn orlawn bob tro a phawb wedi ymserchu'n lân arnynt.

Fodd bynnag, ni pharodd mwynhad y plant am hir. Roeddent mor brysur yn mynd i bobman ymhell ac agos nes i'r ysgolfeistr eu ceryddu a chwyno i'r Awdurdodau Addysg gan fod y plant yn cysgu wrth eu gwaith yn yr ysgol. O ganlyniad gwaharddwyd y plant rhag mynychu cyngherddau o gwbl heblaw am Fflo a gafodd ganiatâd (wedi i Nansi ymbilio ar ei rhan) i fynychu cyngherddau'r côr ar nos Wener a nos Sadwrn. Yr aelodau bryd hynny oedd Nansi, Edith, Elen Eryri (chwaer Edith), Miriam a Fflo Roberts, a dwy aelod newydd, Nesta Wyn a Lucy Humphreys (priod Bertie, brawd Cecil).

Erbyn hyn roedd Nansi a Cecil wedi symud o Dremadog i fyw i Blas Tan y Graig, Beddgelert ac roedd perthynas iddi o Ddinas Mawddwy, Catrin Ifans (Telynores Mawddwy) wedi dod ati i fyw i'w chynorthwyo gyda'r gwaith tŷ. Roedd yn dŷ anferth ac yn sefyll drws nesaf i Westy'r Prince Llewelyn. Roedd seler fawr o dan y tŷ a dyna fu man cyfarfod y côr yn yr haf gydag ymwelwyr yn dotio at y sŵn a ddeuai oddi yno.

Ymhen dim, symudodd y ddau i Hafod y Porth – fferm ddefaid ym Meddgelert. Cecil a Trefor (ei frawd ieuengaf) oedd wedi'i rhentu, oddi wrth Richard Roberts, Fferm y Perthi, Beddgelert. Roedd hwyl fawr i'w gael yno gydol yr amser a chynhaliwyd nosweithiau llawen di-rif. Cafwyd un noson lawen nodedig iawn adeg Eisteddfod Caernarfon yn 1935. Caerwyn oedd yn arwain, a daeth Aneurin Bevan a'i wraig Jenny Lee yno, ynghyd â Clough Williams-Ellis (y pensaer a chynllunydd pentref enwog Portmeirion), Dewi Mai o Feirion, Ioan, Elinor a Gwenllian Dwyryd, Hywel Wood y Sipsi yn dawnsio, Gwyndaf, Cynan, Bob Owen (Croesor), Ted Richards (Carno), Llwyd o'r Bryn – a sawl un arall.

Ar Dachwedd 10fed 1934, mewn ystafell yn Neuadd Buddug y Bala, ffurfiwyd Cymdeithas Cerdd Dant Cymru ac yn 1936, daeth rhifyn cyntaf o *Allwedd y Tannau* o'r wasg, gyda Nansi yn aelod o'r Pwyllgor Gwaith. Yn ogystal, cynhaliwyd Gŵyl Gerdd Dant yn Harlech (lle bu Nansi) ac o hynny allan, cynhaliwyd gŵyl flynyddol, gan wahodd pobl megis Nansi Richards yno'n rheolaidd i ddarlithio, i ddysgu ac i gynnal cyngerdd/noson lawen. Ymhen tipyn, fe'i gwnaethpwyd yn aelod anrhydeddus o'r Gymdeithas a bu ar bwyllgorau niferus. Ond un o'i swyddogaethau pennaf – swydd a fabwysiadwyd ganddi ac un o swyddogaethau pwysicaf y Gymdeithas hyd yn oed heddiw – oedd prynu telynau i'r Gymdeithas; darganfod ble'r oedd rhai ar werth a darparu telynau ar gyfer telynorion ieuainc. Bu'r cyfraniad hwn yn un pwysig iawn nes peri i ddegau o bobl gael y cyfle am y tro cyntaf i ganu'r offeryn.

O bryd i'w gilydd, deuai hen ffrind arall i Nansi o fyd y ffilmiau i aros yn Hafod y Porth – cynhyrchydd gyda Fox Films (Llundain) o'r enw Reginald Benyon. Roedd ganddo 'sports car' gwyrdd a dcuai â llawcr o sêr y byd ffilmiau gydag ef ar ei ymweliadau. Deuai George Bernard Shaw yno yn lled rheolaidd ac un tro, daeth dau o wyrion Aga Khan i'w gweld gan ryfeddu at allu Eleanor Dwyryd yn canu a Nansi ar y delyn.

Cynigiai Côr Telyn Eryri raglen amrywiol o weithgareddau – caneuon actol, canu penillion, triciau ar y delyn gan Nansi (efallai yn debyg i'r rhai a wnâi yn y 'Music Halls' yn 1911), Edith â'i chaneuon disgrifiadol megis y

'Postmon', 'Jim Ambarels', 'Y Tramp', 'Yr Hen Ferch' a'r 'Dyn Tax', adrodd, sgetsus o bob math, dawnsio, deuawdau a thriawdau gyda'r holl ddeunydd yn wreiddiol, yn naturiol Gymreig ac yn gwbl chwaethus. Byddai noson o adloniant yn parhau am ddwy neu dair awr gyda phob eitem bron yn cael 'encore'! Ceir tystiolaeth iddynt gynnal cynifer â 2,085 o gyngherddau hyd at 1975 – gorchest aruthrol o gofio mai grŵp amatur oeddent. Cadwodd Edith gofnod manwl o'r holl gyngherddau a gynhaliwyd ganddynt ac mae copi ohono ar gael yn Amgueddfa Werin Cymru, Sain Ffagan. Dyma enghraifft nodweddiadol o un wythnos 'waith':

Awst 11:	Bodorgan, Môn
Awst 12:	Castell Conwy
Awst 13:	Aberdaron
Awst 14:	Beddgelert
Awst 15:	Hollesley, Suffolk (teithio yno drwy'r nos ar ôl y cyngerdd ym Meddgelert)[29]

Paratôdd Nansi gerdyn iddi'i hun yn ystod y cyfnod hwn – cerdyn 'busnes' fel petai, ond rhaid cydnabod fod ôl meddwl trefnus Edith ar y trefniadau gan mai hi oedd y ceffyl blaen yn y materion hyn. Hi, er enghraifft, oedd yn gyndyn o lunio cyfresi radio gyda'r Côr Telyn. Ei daliadau oedd ei bod eisiau i bopeth a wnâi'r Côr fod yn ffres a newydd i gynulleidfaoedd a phe eid ar y radio, yna byddai ei gweledigaeth yn cael ei difetha. Ond ceir tystiolaeth eu bod wedi gwneud rhywfaint:

Dydd Sadwrn, Mawrth 20 (1937), bu telynores Maldwyn yn cyfeilio yn Eisteddfod yr Urdd ym Metws y Coed. Dydd Llun, 22, bu y côr yn cyngherdda yn y Bala. Dydd Iau, 25, yn Llansannan. Dydd Gwener, 26, yn yr Abermaw. Dydd Sadwrn, 27, am 6 o'r gloch yr oeddynt ar y radio o Fangor, ac yn ddiweddarach yr un noson, yr oeddynt yn canu yng Ngwesty'r 'Saracens', Bedd Gelert, i lu o ymwelwyr. Cawsant hwyl dda yn yr holl leoedd.'[30]

Yn ei 'Draethawd ar Hanes y Delyn yng Nghymru' dywed Bob Owen, Croesor[31] gryn dipyn wrthym am waith Telynores Maldwyn yn sefydlu'r delyn fel offeryn derbyniol a safonol yn y cyfnod. Ceir dau gyfeiriad gan Bob Owen at hyn,

(a) Gwasanaethai Telynores Maldwyn gyda'i thelyn yn Eglwys St Mair, Beddgelert ym 1935 a'i phriod yn darllen y llithoedd.

(b) Erbyn y flwyddyn 1935 yr oedd Methodistiaid Calfinaidd Beddgelert yn ddigon eang i groesawu'r delyn, i gôr telyn ganu gyda hi rai o'r salmau, ac yr oedd y gwasanaeth hwnnw i'w deimlo'n enneiniedig bob affliw, a phe cenid hwy yn ôl dull arferol efo'r Organ. Tua'r blynyddoedd hynny, canai Nansi Richards (Telynores Maldwyn) ac Edith Evans (Telynores Eryri) y delyn mewn priodas yn yr un Capel. Hefyd gwasanaethwyd y delyn a chwaraewyd gan Nansi Richards a chôr telyn Eryri yn Eglwys y Plwyf, Beddgelert, ar rai adegau tua 15 i 18 mlynedd yn ôl.

Bu Côr Telyn Eryri yn teithio, nid yn unig drwy Gymru gyfan ond yn Lloegr hefyd, e.e. i gymdeithasau Cymreig gan amlaf gan addasu'r deunydd yn ôl y galw. Yn 1936, gwahoddwyd y Côr Telyn i Gastell Caernarfon ar gyfer arwisgiad y Brenin Siôr – Nansi'n canu'r delyn a'r côr yn canu penillion. Yn 1937, aeth y côr ar daith i Ynys Enlli i

Tom Lloyd, Telynor Ceiriog, tu allan i Dafarn y Castell, Llangynog.
Gwreiddiol: AWC

'Dyn tal boneddigaidd ei ddull a'i osgo, gyda llygaid du a thalcen uchel oedd Tom Lloyd, a dyn na feiddiai neb fyned yn rhy hy arno.'

'Telynor Ceiriog' gan Nansi Richards
Allwedd y Tannau, Rhif 9, 1950, t. 8

Nansi o flaen Tafarn y Castell, Llangynog (1906) ble derbyniodd wersi telyn gan
Tom Lloyd, Telynor Ceiriog. Gwerthwyd y llun hwn fel cerdyn post
am geiniog yr un yn 1906.
Gwreiddiol: Gwilym Meredydd Jones

50

'National Prize Winner'. Telynores Maldwyn - Nansi Richards, a'i thelyn deires, wedi iddi ennill yn Eisteddfod Genedlaethol Llangollen, 1908.
Gwreiddiol: AWC

'Practeisio'r nos at honno ar ôl i bawb fynd i'w gwelâu. Yr olew yn darfod yn y lamp. Mofyn cannwyll a'i rhoi mewn tatsch o wêr ar fy nghadw-mi-gei ar y dreser – slwmbran cysgu a llosgi twll ynddo – ogle llosgi'n fy neffro. A thwll sydd ynddo byth!

Noson cyn cystadlu roeddwn i'n cysgu yn Telynfan, y Bala. Mynd ar fy nglinie cyn cysgu i ofyn am y wobr. Cofio ganol nos fod Dafydd Roberts, y Telynor Dall o Fawddwy ymysg rhai eraill yn cystadlu. Codais o'm gwely, ac ar fy nglinie eto i ofyn i'r Bod Mawr am roi'r wobr gyntaf i'r Telynor Dall, os, *ie os*, oedd yntau wedi gweddïo hefyd.'

'Miss Nansi Richards (Telynores Maldwyn) ROYAL HARPIST'
Tynnwyd y llun hwn ar noson arwisgiad Edward VIIIfed, 1911
Gwreiddiol: Dafydd Roberts

'I appeared at the Investiture of Prince Ed! As I entered his dog *Corgi* tore my
best frock + I hadn't another to wear so in one half of the prog I wore a Welsh
costume at the request of her Majesty Queen Mary! It was altogether a
"Command Performance". Never would I accept another I said to myself I felt
so nervous! Couldn't swallow my spittle! mouth as dry as a cork my little heart
weighing only 9 ounces carried a *ton* of anxiety + fear but several times after I
have played to Royalties on different occasions these were not of a Royal
Commmand but Welsh ones! Prince Phillip I adore! a real happy + jolly joker!
like Prince Edward.'

Llythyr gan Nansi Richards at Joan Rimmer (21 Ebrill 1970)

Mary Ellen (Llwyncwpl) a Nansi Richards yn 1914
Gwreiddiol: Dafydd Roberts

Llun 'Document' o Nansi a dynnwyd yn yr Obenaustudio, Utica, Efrog Newydd ym
mis Mai 1924. Telyn Lyon & Healy a genir ganddi.
Gwreiddiol: Beryl Humphreys

'Yn America yn 1923 fe'm anrhegwyd â thelyn gwerth un cant ar bymtheg o
ddoleri. Bûm yn ei chanu yno am flwyddyn. Pan benderfynais ddod 'nôl i
Gymru, fe ges ddod â'r delyn gyda mi. Roeddwn yn dod adre i chwarae i
Eisteddfod Genedlaethol Pwllheli, 1925 (a phan gyrhaeddais i orsaf Corwen
fe'm anrhegwyd gan blant efo torch o flodau a grug). Mawr fu fy helynt yn
Lerpwl wrth ddod drwy'r dollfa. Chawn i ddim dod â fy nhelyn heb dalu
canpunt, a doedd gen i ddim canpunt . . . pe bawn wedi deall ac wedi esbonio'n
iawn mai anrheg oedd y delyn i mi, ni fuasai'n ofynnol i fynd drwy'r holl helynt.
Sut bynnag, diwedd y stori oedd danfon y delyn 'nôl i Lyon and Healy.'

Cwpwrdd Nansi gan Nansi Richards
(Gwasg Gomer, Llandysul, 1972), t. 71.

Fferm Penybont pan ddaeth Nansi adref o'r America yn 1925
Gwreiddiol: Marged Jones

'... Roedd gweithwyr corporesion Llanwddyn wedi mynd â thrap i'r stesion i'm croesawu, a holl blant y pentref yn ei dynnu. Ond ddois i ddim adref tan bore wedyn – roeddwn wedi cael fy nal yn ôl yn y "customs"!'

Pan gyrhaeddodd drannoeth, a gweld y pentref wedi ei addurno, gofynnodd pwy oedd yn priodi. 'Mi enwon y ddau mwya anhebyg welsoch chi 'rioed. Pan gyrhaeddais y tŷ a gweld y geiriau "Croeso adre, Nansi" y sylweddolais mai fi oedd achos yr holl firi!'

'Telynores Maldwyn' gan Ioan Roberts
Allwedd y Tannau, Rhif 29, 1970 (Gwasg Gee, Dinbych), tt. 43-4

Nansi ar ei mis mêl yn Aberdaron
Gwreiddiol: Joan Rimmer

'Ac i ffwrdd â ni i Aberdaron – 'doedd neb yn ein hadnabod yno.

I mewn i'r dafarn â ni i ofyn am lety. Ond gydag ein bod i mewn, dyma res o fechgyn ifainc yn dechrau canu penillion. 'Roeddent yn fy adnabod, hyd yn oed yn Aberdaron.

"Myn diawch i, dyma Nansi Richards." 'Roedd yn hwyr iawn, neu'n hytrach yn fore iawn, pan aethom i'r llofft. Gwelais bry copyn a'i we crefftus yn hongian o'r to.'

'Af i ddim i'r gwely heno,' meddwn yn bendant. 'Mae pry copyn yn codi dychryn arna i.'

Ac es i ddim i'r gwely 'chwaith. Ac felly buodd hi drwy ein hoes, 'roedd rhyw bry copyn neu'i gilydd rhyngom o hyd!'

Nansi, gan Marged Jones
(Gwasg Gomer, Llandysul, 1981) t. 38-39

Ym mis Awst 1937, teithiodd y Côr i Ynys Enlli i gynnal cyngerdd, a thynnwyd y llun hwn y tu allan i Ysgol Enlli wedi'r perfformiad. Osian Ellis yw'r bachgen ifanc yng nghefn y llun. Dyna nodi eu 530fed cyngerdd fel côr.
Gwreiddiol: Llyfr Lloffion Edith Evans

'Dydd Sadwrn, Mawrth 20 [1937], bu telynores Maldwyn yn cyfeilio yn Eisteddfod yr Urdd ym Metws y Coed. Dydd Llun, 22, bu y côr yn cyngherdda yn y Bala. Dydd Iau, 25, yn Llansannan. Dydd Gwener, 26, yn yr Abermaw. Dydd Sadwrn, 27, am 6 o'r gloch yr oeddynt ar y radio o Fangor, ac yn ddiweddarach yr un noson, yr oeddent yn canu yng Ngwesty y 'Saracen's', Bedd Gelert, i lu o ymwelwyr. Cawsant hwyl dda yn yr holl leoedd.'

Yr Herald Gymraeg a'r Genedl,
Dydd Llun, 5 Ebrill 1937, t. 2

*Nansi Richards ('Telynores Maldwyn') a Chatrin Jones ('Telynores Mawddwy')
yn Eisteddfod Dyffryn Conwy, Llanrwst, 24 Mehefin 1939. Sylwer ar fathodyn
'beirniad' Nansi a'r tusw bychan o rug y mynydd sydd ar ei llabed.
Gwreiddiol: Casgliad Geoff Charles, LLGC*

Clawr y llyfr Teliffant. *Llyfr hwyliog i blant - y rhigymau gan Nansi Richards a'r sgetsus gan Mr Hume.*
Gwreiddiol: Archif

'My Nursery Nonsence Rhyme book published during the war called "Telephant" was sold out in a few months, + could be bought in Woolworths Swansea.'

Llythyr gan Nansi Richards at Mary Rowland, Ionawr 1967
(trwy garedigrwydd Joan Rimmer)

'Mae arnaf eisio ail gyhoeddi Teliphant! fawr o waith ar hwnnw! hefyd mae gennyf ddigon o rigymau barddonol gyda'u beirniadaethau arnynt gan Dewi E. Meuryn ag eraill i wneud llyfr, neu i chwyddo'r Cwpwr – mi fosteth wedyn!'

Llythyr gan Nansi Richards at Marged Jones
(dim dyddiad)

*Pump o hoelion wyth y diwylliant Cymreig yn cymryd rhan yng Ngŵyl Pedair Sir
yr Urdd yng Nghorwen, 7 Gorffennaf 1955. O'r chwith i'r dde, ceir Llwyd o'r Bryn,
Hywel Wood (a ddawnsiodd Step y Glocsen), John Thomas (y canwr gwerin), Mrs
L. J. Evans (ei ferch, oedd yn cyfeilio) a Nansi Richards ('Telynores Maldwyn').
Gwreiddiol: Casgliad Geoff Charles, LLGC*

Nansi'n canu'r delyn deires o flaen stondin Plaid Cymru yn Llanrhaeadr-ym-Mochnant. Y tu ôl i'r stondin, gwelir Hilda Jones a fu'n cydweithio llawer â Nansi yn Eisteddfodau Powys. Tynnwyd y llun ar Fai'r 1af 1957.
Gwreiddiol: Casgliad Geoff Charles, LLGC

Nansi o flaen Capel Tegid a chofgolofn y Parch. Thomas Charles gerllaw.
Tynnwyd y llun yn 1967 adeg Eisteddfod y Bala.
Gwreiddiol: Ifor Owen

Nansi yn dweud wrth Osian Ellis, y telynor:
'Chi sydd i gael hon ar fy ôl i.'
Telyn ag iddi gant ac un o dannau ydyw – hen delyn a berthynai i
Delynor Tegid y Bala. Fe'i gwnaed nôl yn y ddeunawfed ganrif gan Bassett Jones,
y gwneuthurwr telynau o Gaerdydd.
Gwreiddiol: Iona Trevor Jones

Nansi Richards yn Nant Goch, Mai 1970.
Yn ôl gwahanol ddisgyblion, dyma rai o'r pethau a ddysgai Nansi iddynt o ran
techneg: bawd i fyny; bysedd i lawr; dull o daro'r tant gyda'r nerth
yn dod o gymal canol y bys
Gwreiddiol: Joan Rimmer

gynnal cyngerdd yn yr ysgol yno. Dim ond pigion yw'r rhain o'r cannoedd o gyngherddau a gynhaliwyd ganddynt, ac fe fu eu cyfraniad yn un gwerthfawr tu hwnt mewn cyfnod pan nad oedd cymaint o gyngherddau o safon i'w clywed yng Nghymru.

DYDDIAU'R RHYFEL – DAL I DDIDDANU

Yn y BBC ym Mangor yr oedd Côr Telyn Eryri ym mis Medi 1939 pan dorrodd y rhyfel allan a bu rhaid mynd adref heb ddarlledu – ond ni fu hynny'n rhwystr iddynt deithio gan ddechrau difyrru'r milwyr yng Ngogledd Cymru bob yn hyn a hyn.

Roedd Cecil a Nansi bellach wedi symud i fyw ym Mhentir. Dynes o'r enw Mrs McCloud oedd piau'r tŷ – Tyddyn Gogrwyn oedd ei enw a chaed murddun gerllaw o'r enw Tyddyn Gogrwyn Bach. Ond pan ddechreuodd yr Almaenwyr fomio Lerpwl, daeth Mrs McCloud yn ôl i Bentir a bu rhaid i Nansi a Cecil adael eu cartref. Felly fe aethant i Gaerhun, Conwy – tŷ ar stâd y diweddar Farnwr Kenrick.

Yn 1940, gwaith radio fu'n cadw Nansi'n brysur. Ceir tri chytundeb yn dyddio rhwng 6 Gorffennaf 1940 a 6 Awst 1940 lle cyflogwyd Nansi i gyfeilio i gantorion a gwneud gwaith unawdol – rhaglenni gweddol ysgafn eu natur yn ôl yr ychydig fanylion a geir ar yr ail gytundeb. Yn ogystal, ceir llythyr dyddiedig 18 Gorffennaf 1941 gan Nan Davies (Adran Rhaglenni 'Awr y Plant') yn sôn am sgwrs yr oedd i'w threfnu gyda Nansi am hen delynorion. Yn ogystal, gofynnwyd iddi deithio i Fangor ar yr 22ain o'r mis i wneud record pum munud o ganeuon Cymreig ar y delyn deires i'w defnyddio mewn sgwrs ar 'Y Delyn' gan y Dr Iorwerth Peate, 29 Gorffennaf 1941. Bu'r Dr Meredydd

Evans yn cydweithio droeon â Nansi. Dyma fu ei brofiad ohoni:

Ym myd y radio y cyfarfûm â Nansi gyntaf. Byddai Nansi yn aros yn ei chornel fach ei hun ac yn canu'r delyn yn ddistaw pan nad oedd neb yn sgwrsio â hi. Roedd hi wedi gwneud ei gwaith cartref ac yn broffesiynol iawn pan oedd hi yn y stiwdio.[32]

Parodd Nansi i recordio a theithio gyda'r Côr Telyn hyd yn oed yn ystod y Rhyfel, ac ym mis Ionawr, 1943, gwahoddwyd hi ac Edith i ddiddanu'r milwyr gyda'r 'Entertainment National Service Association', neu E.N.S.A. Roedd hwn yn waith llawn amser dan nawdd y Llywodraeth a chynhaliwyd oddeutu 400 o gyngherddau ganddynt i gyd – y mwyafrif yn Lloegr, ond rhai hefyd yn Ne Cymru. Hwn oedd y parti Cymreig cyntaf i deithio drwy Gymru, a'r enw arnynt oedd 'Harps & Harmony'. Roedd deuddeg aelod yn perthyn i'r cwmni, a'r mwyafrif ohonynt yn Gymry: Nansi Richards, 'Telynores Maldwyn' (Telyn); Edith Evans, 'Telynores Eryri (Telyn); Gwenfron Richards, 'Gwen Corri' (Dawnsio); Brenda Harries, Abertawe (Piano); Vincent Davies, Abertawe (Bas); Gerallt Evans, Abertawe (Tenor); Sally Charles, Wrecsam (Contralto); Megan Hopkins, Resolfen (Soprano); Buddy a Lillian Lamonte (Accordion – 'country & western'); Maisie Hillier (comedienne); Cecil Roche (Goruchwyliwr Cynhyrchu, a Rheolwr).

Câi Nansi gryn gyfle i ganu'r delyn ar ei phen ei hun – darnau Cymreig gan fwyaf, megis Y Gaeaf, John Thomas, ond yn ogystal, darnau Saesneg pan fyddai galw amdanynt. Nansi oedd yn cyfeilio i'r ddawnswraig Gwenfron Barrett (neé Richards) (merch Ted Richards, Carno) yn ei pherfformiadau o'r 'Highland Fling' i'r alaw 'Keel Row', neu

'Sailor's Hornpipe' mewn gwersyll y llynges, ac wrth gwrs 'Step y Glocsen'. Cofiai yn dda am un cyfnod ymhlith eu teithiau o dan ddaear mewn ffatri fawr yn Corsham, Wiltshire, ac fe sonia Nansi rhyw gymaint am y profiad yn ei hunangofiant:

Buom yn cadw cyngerdd ym mol y ddaear gyda siope ynddynt a'r lle yn olau fel dydd. Rhywle yn Wiltshire oedd hynny, ni wyddem ymhle am na chaniateid inni gadw dyddiadur rhag ofn inni eu colli ac iddynt fynd i ddwylo'r sbïwyr.[33]

Yn Abertawe y byddent yn ymarfer ac fe gofia Gwenfron Barrett eu taith gyntaf trwy Loegr – mynd ar dramp o amgylch hosteli, gwersylloedd a ffatrïoedd yr awyrlu a'r llynges. Weithiau byddai'n ofynnol aros mewn un man am wythnos a gweithio o amgylch y ganolfan honno. Manyla Nansi ar y teithio yn ei llythyr at Cecil rhywdro yn ystod y cyfnod:

These are the places we've done, Chorley, Nr Bootle, Cumberland, Holmbrook Cumb., Silecroft, Windermere, Leeds, Horsforth, Silesden, Wetherby by Lord Harwoods Estate, Retford, Mattersey, Grantham + Stafford, + the following places this week, but we are returning here every night –

Monday	*Nelson Hall*
Tues.	*Frobisher Hall*
Wed.	*Raleigh Hall*
Thurs.	*Drake Hall*
Frid.	*Raleigh Hall*

Two performances per day this week, at 7 and 11 pm.[34]

Ynghanol y fath weithgarwch, llwyddodd Nansi i

gyhoeddi llyfr rhigymau i blant o'r enw *Teliffant*. Cynlluniwyd y sgetsus sy'n y llyfr gan ddyn o'r enw Mr Hume a fu'n aros yn Hafod y Porth, Beddgelert rhwng 1933-36, ond Nansi gyfansoddodd y rhigymau i gyd:

Telephant was sold out in a few months + could be bought in Woolworths Swansea.[35]

Pan ddaeth y rhyfel i ben yn 1945, daeth diwedd ar grwydro'r gwersylloedd ond nid oedd prin fis wedi mynd heibio cyn i Gôr Telyn Eryri gychwyn arni unwaith yn rhagor a'r galw am eu gwasanaeth mor frwd ag erioed.

---

[1] RICHARDS, Nansi: 'Llythyr Cyntaf Nansi' *Allwedd y Tannau* (Gwasg Gee, Dinbych, 1959) Rhif 18, t. 13.
[2] RICHARDS, Nansi, *Cwpwrdd Nansi* (Gwasg Gomer, Llandysul, 1972) t. 23.
[3] Adysgrifiad o dâp AWC Rhif 2182. Holwr: Robin Gwyndaf.
[4] *Op. Cit.*, RICHARDS, Nansi (1972) t. 71.
[5] *Op. Cit.*, RICHARDS, Nansi (1972) t. 72.
[6] *Op. Cit.*, RICHARDS, Nansi (1972) t. 73.
[7] *Op. Cit.*, RICHARDS, Nansi (1972) t. 83.
[8] Rhan o'r coffâd sydd ar fedd Nansi Richards. Cyfansoddwyd hwy gan Gwilym Rhys.
[9] Adysgrifiad o dâp AWC Rhif 628 Holwr: D. Roy Saer.
[10] Adysgrifiad o dâp AWC Rhif 628 Holwr: D. Roy Saer.
[11] Mewn cyfweliad â'r awdur (16 Chwefror 1989).
[12] *Op. Cit.*, RICHARDS, Nansi (1972) t. 73.
[13] RICHARDS, Nansi: 'Llythyr cyntaf Nansi', Allwedd y Tannau (Gwasg Gee, Dinbych, 1959) Rhif 18 t. 12.
[14] Adysgrifiad o dâp AWC Rhif 3183. Holwr: Robin Gwyndaf.
[15] Adysgrifiad o dâp AWC Rhif 3183. Holwr: Robin Gwyndaf.
[16] Who made all' – unawd i soprano neu denor. Geiriau gan Nansi Richards. Cerddoriaeth gan J. Foulds (Llyfrgell Genedlaethol Cymru 21602E).
Y Wawr – unawd i Gontralto neu Faritôn. Nansi Richards gyfansoddodd y geiriau a pheth o'r cyfeiliant a Jack Foulds y gweddill. Cyflwynwyd y darn i'r Fonesig Gwladys Williams, Y Bala. (Snell & Sons Ltd 1958).

[17] Llythyr gan Nansi Richards at Madeau Stewart (13 Mawrth 1967). Trwy garedigrwydd Joan Rimmer.

[18] Am ymdriniaeth fanylach o'r darn, gweler y bennod 'Cyfansoddiadau'.

[19] *Op. Cit.*, RICHARDS, Nansi (1972) t. 69.

[20] Dr Daniel Protheroe (1866-1934), cerddor o Ystradgynlais yn wreiddiol, cyn ymfudo yn 19 oed i Scranton, Pensylvania, U.D.A. lle bu'n dilyn cwrs addysg. Daeth yn Faglor Cerdd ac yn ddiweddarach yn Ddoethur. Arweiniodd nifer fawr o gorau, bu'n athro yn Ysgol Gerdd Sherwood ac yn gyfarwyddwr cerdd yn y Cental Church. Bu'n feirniad mewn sawl gŵyl ac eisteddfod a chyfansoddodd lawer o ddarnau prawf eisteddfodol, anthemau, a thonau.

[21] Toriadau papur newydd yn rhodd gan Marged Jones. Dim manylion pellach.

[22] *Op. Cit.*, RICHARDS, Nansi (1972) t. 75.

[23] *Op. Cit.*, RICHARDS, Nansi (1972) t. 75.

[24] Mr J. E. Jones, Pennal, Meirionnydd, canwr penillion a beirniad Eisteddfodol. Un o gyfoedion J. Breeze Davies, Dinas Mawddwy, a Dewi Mai o Feirion.

[25] Adysgrifiad o dâp AWC Rhif 3185. Holwr: Robin Gwyndaf.

[26] Gweler 14.

[27] Melangell: Santes yn y 6ed Ganrif – merch i Cyfwlch Addwyn (disgynnydd i Macsen Wledig) neu Tudwal Tuddud. Ceir sôn amdani mewn chwedl Ladin dan yr enw Monacella a dywedir mai merch i frenin Gwyddelig ydoedd. Ceisiodd y brenin drefnu gŵr ar ei chyfer ond yr oedd hi eisoes wedi tyngu llw o forwyndod. Ffodd gan ymguddio ym Mhennant a bu yno am 15 mlynedd heb weld yr undyn byw. Yn y flwyddyn 604, daeth gŵr o'r enw Brochwel Ysgythrog heibio dan hela, a'i darganfod mewn ogof yng Nghraig y Gwely. Gelwir y lle heddiw yn 'Gell Melangell' neu 'Gwely y Gawres'. Dywedir iddi ddofi'r ysgyfarnogod ac adweinid hwy ers hynny yn 'Ŵyn bach Melangell'. Rhoddodd Brochwel Ysgythrog dir iddi adeiladu mynachdy yn y lle hwnnw, ac yn ôl hanes bu yno am yn agos i ddeugain mlynedd cyn marw.

[28] Bariton, yn wreiddiol o Hafod Owen, Nantgwynant, oedd Owen R. Williams (Eos Gwynant). Roedd yn gyfansoddwr tonau bychain a bardd lleol llwyddiannus.

[29] Dim manylion ynghylch blwyddyn.

[30] *Yr Herald Gymraeg a'r Genedl*, Dydd Llun, 5 Ebrill 1937, t. 2.

[31] OWEN, Bob: 'Traethawd ar Hanes y Delyn yng Nghymru'. Llawysgrif Bangor 8154-61. Gwobrwywyd y traethawd yn Eisteddfod Genedlaethol Penybont ar Ogwr, 1948. Dyfyniad (a) t. 145, (b) t. 147.

[32] Mewn cyfweliad â'r awdur (23 Mai 1989).

[33] *Op. Cit.*, RICHARDS, Nansi (1972) t. 80.

[34] Llythyr gan Nansi Richards at ei gŵr Cecil (Rhyw dro rhwng 1943-5). Trwy garedigrwydd Marged Jones.

[35] Llythyr gan Nansi Richards at Mary Rowlands (Ionawr 1967). Trwy garedigrwydd Joan Rimmer.

PENNOD IV

Dyddiau Difyr
(1946-1979)

CYFNOD AEDDFEDU

Roedd Nansi bellach yn tynnu at ei thrigain oed – cyfnod pan fyddai'r rhan fwyaf o bobl yn ystyried ymddeol a chynllunio rhyw gymaint ar gyfer y dyfodol – ond nid felly Nansi. Ni pheidiodd â theithio o un lle i'r llall yn cynnal cyngherddau a chyfeilio mewn Eisteddfodau a nosweithiau llawen. Yn hytrach, bu mor ddiwyd ag erioed nes peri i rywun amau pe bai Nansi'n rhoi'r gorau iddi y byddai ei chalon yn pallu hefyd. Gwelir ynddi'r parhad o draddodiad yr hen feirdd crwydrol a arferid eu gweld yng Nghymru, ac yn ogystal gwelir ynddi rhyw fath o lun ar Sipsi (hynod o gerddorol) a oedd â'i thraed, fodd bynnag, yn gadarn yn yr ugeinfed ganrif.

Clywyd dawn Nansi dros donfeddi radio a theledu yn gyson (byth er pan ddyfeisiwyd y cyfryngau hynny). Ceir llythyr gan Sam Jones[1] 9 Medi 1946 yn gofyn i Nansi ganu'r delyn mewn recordiad o 'Noson Lawen', cyfres radio boblogaidd iawn yn y pedwardegau, ac mae'n amlwg, o edrych ar waelod y llythyr, mai gwaith Nansi ar adegau oedd dewis ei chyd-artistiaid – prawf amlwg o'i dylanwad yn y byd cerddorol, a'i gallu i dynnu perfformwyr ynghyd i gynnal cyngerdd. Gwnaed y gwaith ganddi'n effeithiol iawn dros nifer o flynyddoedd cyn (ac wedi) hynny. Ond y tro hwn, doedd dim galw arni i wneud hynny:

Cawn siarad hefo chwi am y darllediad hwn wythnos i fory. Yn y cyfamser, peidiwch â phenderfynu ar yr artistiaid.[2]

Dywed Nansi yn ei llyfr *Cwpwrdd Nansi*:

'Ro'wn i gryn lawer ar y Radio Erin ers talwm.'[3]

ac fe geir sawl enghraifft o'i hymweliadau â'r Iwerddon. Fel John Parry ddall gynt (yn y ddeunawfed ganrif) roedd y cyswllt ag Iwerddon yn bwysig iawn iddi. Sonnir am un ymweliad mewn llythyr (dyddiedig 5 Ionawr 1946) gan L. H. Stable, Plas Llwyn Owen, Llanbrynmair, at Nansi:

I hope the trip to Ireland will be a great success. I am sure you will give the greatest pleasure.[4]

– hyn mewn llythyr o ddiolch wedi i Nansi fod yn cynnal cyngerdd yn y Plas. Bu Nansi'n cyfeilio yn Eisteddfod Aberpennar adeg urddo Elisabeth o Windsor. Cynan oedd yr Archdderwydd bryd hynny. Yn ogystal, dysgodd sawl 'ffilm-star' sut i ganu'r delyn fel y gallent edrych yn delynorion dilys mewn ffilmiau – dyna wedd newydd eto ar gyfraniad Nansi Richards i fyd y cyfryngau. Roedd hi'n adnabod nifer o actorion yn eu plith, Emlyn Williams:

Profiad newydd a diddorol imi oedd gweithio yn y Ffilms, 'Dyddie Olaf Dolwyn' a 'Fruitful Year' (Emlyn Williams). Unwaith y gwelais i y ffilmiau, a'r cwbl a gofiaf am fy ngwaith ynddynt oedd trefnu miwsig i bibgorn, crwth a thelyn a dysgu Prysor Williams yr Actor i ymddangos fel telynor proffesiynol yn chwarae'r ddawns 'Pwt ar y Bys.' Roedd y trafeilio yn ôl ac ymlaen i Lunden ac i wahanol studios a lodgins yn llafurus. Ambell waith efo Hywel Wood y dawnsiwr. Dro arall efo Bob Roberts Tai'r Felin ond roedd Bob Roberts fel deryn ac yn ddidrafferth ac yn help mwy na dim.[5]

Ategodd Emlyn Williams hyn yn ei lythyr dyddiedig 23 Awst 1948:

Mae wedi bod yn gyfle i ni i gyd i weithio hefoch, a mi fydd eich gwaith (a gwaith Hywel Woods) yn fantais arbennig i'r ffilm.[6]

O fewn cyfnod byr felly, roedd Nansi yn meddu ar brofiad helaeth ym myd radio a ffilm. I ddathlu pen blwydd Côr Telyn Eryri yn un-ar-hugain (1951), lluniwyd rhaglen radio gan y BBC yn amlinellu hanes y côr. Yn ogystal, cynhaliwyd te yn Ysgoldy Capel (M.C.) Beddgelert a chyngerdd i'w ddilyn yn Neuadd y Plwyf (13 Ebrill 1951) i ddathlu'r digwyddiad. Erbyn mis Mawrth 1951, roedd y Côr Telyn wedi cynnal 1,721 o gyngherddau ac ar wahân i hynny roedd Nansi Richards ac Edith Evans wedi perfformio pum can gwaith gyda'i gilydd.

Ym mis Gorffennaf 1952, aeth Côr Telyn Eryri draw i Iwerddon i gymryd rhan yn yr Ŵyl Ddawnsio Gwerin Rhyngwladol yn y Stadiwm Genedlaethol. Miss Lily Commenford drefnodd yr Ŵyl i Saith Gwlad (Ffrainc, yr Almaen, gwlad Belg, yr Alban, Cymru, Lloegr ac

Iwerddon). Ymhlith y gwesteion yr oedd De Valera. Yn ôl yr hanes, wrth drefnu pawb ar gyfer tynnu eu llun mewn criw, cododd De Valera ar ei draed a gofyn ble'r oedd y Cymry, gan fynnu cael tynnu ei lun yn eu plith. Mewn toriad papur newydd yn yr *Irish Independent* (dyddiedig dydd Iau, 3 Gorffennaf 1952), gwelir y llun, yn ogystal â'r geiriau canlynol:

> Wales stole the show with 'The Study of a Tramp', a tableau with singing to harp accompaniment. Another tableau, the 'Spinning Wheel' – singing accompanied by the harp – provided a picturesque spectacle from the 200-year-old scene in a Welsh village. The team members wore lightly coloured cloaks and old-world high hats.

Dro arall yn Iwerddon, gofynnwyd i Nansi, Edith a'r tenor Richie Thomas gynrychioli Cymru yn yr Oireachtas. Gyda'r Athro Donn Piatt a'i wraig Elsie Piatt yr arhosai Nansi bob tro. Cyfieithydd yn y Dail oedd Don Piatt ac yn ei sgil ef y daeth Nansi i adnabod De Valera yn well. Byddai De Valera fel gŵr bonheddig yn gofalu am Nansi a Cecil ac yn eu hebrwng o amgylch rhai o ryfeddodau Dulyn.

Pan oedd Nansi'n drigain-a-phedair mlwydd oed (1952) fe'i gwahoddwyd i gymryd rhan yng Nghyngerdd Tymor yr Hydref Cymdeithas Cymry-Llundain, a hynny yn y Royal Festival Hall yn Llundain. Mis Gorffennaf 1953, gwahoddwyd Nansi Richards, Eleanor Dwyryd (Dolgellau), Mair Colwyn (Hen Golwyn) a Ceridwen Jones (Llansannan) i ganu'r delyn o flaen y Frenhines Elisabeth II i ddathlu ei hymweliad â Sir y Fflint. Cynhaliwyd y digwyddiadau ym Mhafiliwn yr Eisteddfod Genedlaethol yn y Rhyl gyda Gorsedd y Beirdd yn bresennol.

Fis yn ddiweddarach, roedd Nansi'n cynrychioli Cymru

yn y Gyngres Geltaidd a gynhaliwyd yng Nglasgow, Yr Alban. Roedd y lle yn orlawn a phan glywsant Nansi yn canu'r delyn yn fyrlymus a didrafferth, fe'u syfrdanwyd ac meddai un delynores ifanc o'r Alban wrthi:

I would give anything in the world if I could play the harp like you.[7]

Dyna roddodd Nansi i Gymru – hybu ei gwlad mor naturiol bob cyfle a gâi – yn wir, ni fedrai diplomydd wneud cystal gwaith. Teithiodd Nansi i'r mannau hyn yn rhannol fel *virtuoso* ond yn fwyaf tebygol fel cennad ar ran y gwir ddiwylliant Cymreig. Gellid amau ar adegau, fodd bynnag, a enillodd y parch a'r edmygedd dyladwy o fewn ffiniau ei gwlad ei hun?

Yn 1954, cyhoeddwyd *Llyfr Wyth o Geinciau Cerdd Dant* gan Snell a'i Feibion, Abertawe. Hen alawon ydynt, a'r cyfan wedi'u trefnu gan Delynores Maldwyn.[8] Cyflwynwyd y gyfrol i Delynores Eryri a Thelynores Mawddwy – dwy ffrind mynwesol iddi.

Anrhydeddwyd Nansi â'r Wisg Wen flwyddyn yn ddiweddarach, yn Eisteddfod Genedlaethol Pwllheli a chafodd lythyr i'w llongyfarch gan William Hay, Trefriw:

Barchus Delynores Maldwyn,
    Llawen dros ben gennyf glywed newydd yr anrhydedd mawr o Wisg Wen Urdd y Derwyddon a osodwyd arnat gan Orsedd Beirdd Ynys Prydain!
    Teilwng canwaith wyt o'r urddas mawr hwn![9]

Dyma ddywedwyd amdani yn Rhaglen y Dydd:

'NANSI RICHARDS-JONES (Telynores Maldwyn). Yr enwocaf, ac efallai'r fedrusaf o delynorion Cymru heddiw. Fe roes oes o lafur i hyfforddi telynorion ifainc ac ni ellir mesur dyled Cerdd Dant iddi. Cafodd yr Orsedd yn arbenig flynyddoedd o wasanaeth ffyddlon a thalentog ganddi a theimlwn oll ei bod yn hen bryd inni geisio datgan ein gwerthfawrogiad trwy ei *dyrchafu* eleni i Urdd derwydd.[10]

Yn yr un flwyddyn, anrhydeddwyd Côr Telyn Eryri â'u camp o deithio am chwarter canrif yn diddanu cynulleidfaoedd ledled Prydain gan *Yr Herald Gymraeg a'r Genedl*. Gan mor boblogaidd, ffres a naturiol oedd nosweithiau'r côr, clowyd yr erthygl gyda'r dymuniad:

. . . a phell bo'r dydd y rhoddant eu telynau ar yr helyg.[11]

Mynychodd Nansi Richards Ysgol Haf Cerdd Dant y Rhyl yn 1956, nid fel aelod yn unig, ond fel darlithydd yn ogystal. Sonia Gaenor Hall yn *Allwedd y Tannau*[12] 1956 am gyfraniad diamheuol Nansi i'r digwyddiad:

Bydd amryw ohonom yn siwr o gofio diffiniad Telynores Maldwyn o'r artist gorau, sef 'hwnnw a fedr wneud fwyaf o ddim byd'. Dyma un o'r gemau gawsom ganddi hi yn ystod y cwrs.

Manylir am ei darlith ar y 'Delyn a'r Datgeiniaid' gan sôn am ddau fater pwysig a godwyd ganddi yn ystod y ddarlith – tempo a chyweirnod alawon:

. . . *dylid cadw'r tempo gwreiddiol, rhag distrywio naws ac awyrgylch gynhenid yr alaw, ac yn ôl hyn, dylid dewis geiriau i ieuo â symudiad y gainc.*

Nid oedd gan Nansi gŵyn yn erbyn gostwng cyweirnod

oddeutu hanner tôn ond 'pechod anfaddeuol' oedd ei ostwng ddwy neu dair gradd gan fod hyn yn newid cymeriad alaw yn llwyr. Roedd ganddi syniadau pendant (a rhesymegol) ynglŷn â'r grefft o ganu penillion (yn enwedig o safbwynt y telynor). Deilliai hyn nid o unrhyw chwa gerddorol ond o'i phrofiad helaeth yn y maes hwn.

Mynegwyd Cymreictod a chenedlaetholdeb Nansi Richards trwy gyfrwng ei hymlyniad i Blaid Cymru, a cheir un llun diddorol ohoni (yng nghasgliad Geoff Charles, Llyfrgell Genedlaethol Cymru) yn eistedd gyda'r delyn deires o flaen pabell y Blaid yn Llanrhaeadr-ym-Mochnant, fis Mai 1957. Ar yr arwydd wrth ei hochr, gwelir y geiriau:

A Parliament for Wales within five years.

Bu Nansi yn gefnogwr brwd i'r Blaid erioed ac mewn un llythyr yn 1972, fe ddywed yn blaen,

> Margaret a finne trefnu N. Lawen i'r Blaid cyn neu'n syth ar ôl [Ei]St[eddfod] Powys. Telynorion, y ni, Robin a Geraint. Cofiwch amdani rhaid eich dal yn y Tresi er budd Cymru hen ac yn ifanc.
>
> Nansi.[13]

Golygai hyn lawer iawn i Nansi ond roedd cadw traddodiad yn bwysicach fyth iddi. Meddai yn y llyfr Nansi:

> Rwy'n cofio i'r cerddor mawr hwnnw, Gwynn Williams, Llangollen, ddweud wrthyf nad oedd y deires yn addas i gyfeilio i barti dawns. Mi ddangosais i iddo.[14]

a dyna'r farn bendant a feddai yn dod i'r amlwg unwaith yn rhagor. Yn wir, fe ddangosodd iddo oherwydd yn 1957 aeth ati i gyfeilio gyda'r deires i barti dawnswyr Myllin

(Llanfyllin) o dan arweiniad Len Roberts. Aelodau o'r parti hwn oedd Ann Pugh, Owen Edwards, Irene Williams, Enid Matthews, Meirion Jones, Margaret Coleman, Mair Burn, Margaret Davies, Peter Evans, a'r pen-difyrrwr Ryan Davies gynt. Yn ôl Nansi, cymerai Ryan ofal arbennig ohoni gan gario'i thelyn o'r naill fan i'r llall. Dywed ei fod yntau'n gallu canu'r delyn deires ond fod yn well ganddo'r delyn fawr:

Mewn gwirionedd roedd Ryan yn ddigon cerddorol i chwarae unrhyw offeryn ar ôl rhyw hanner awr o wers. Prin iawn yw cerddorion felly.[15]

Â Nansi'n ei blaen yn y llyfr i ddweud iddynt fod yn fuddugol yn y gystadleuaeth gan ennill canmoliaeth uchel iawn. Trwy gydol ei hoes, mynnodd fod lle cwbl deilwng i'r deires ar lwyfannau rhyngwladol.

Yn 1958, (pan symudodd o Gaerhun, Conwy, yn ôl i'w hardal enedigol, Pen-y-bont-fawr), fe'i gwahoddwyd ynghyd â Thelynores Eryri i ganu'r delyn o flaen Dug Caeredin (Tywysog Philip) yng Ngwesty'r Elephant, Y Drenewydd (dydd Mercher, 21 Mai). Yn gyntaf, dewisodd alawon Cymreig ar y delyn deires wedi'u trefnu gan John Parry Ddall, (Rhiwabon) 1710-1782, ac Edward Jones, Bardd y Brenin 1752-1824. Manylir ar y rhaglen am gysylltiad y ddau ŵr hwn â'r frenhiniaeth. Dywedir i'r alawon Cymreig gael eu canu gan John Parry ac Edward Jones o flaen Brenin Siôr II (1727-1760) a Siôr V (1910-1936), ond ni all hyn fod yn wir gan nad yw'r dyddiadau'n cyfateb. Awgrymir mai'r Brenin Siôr III (1760-1820) ddylai fod ar y rhaglen ac nid Brenin Siôr V. Ceir awgrym yn llyfr Huw Williams, *John Parry (1710?-1782)*[16], fod John Parry yn ddiweddarach yn ei oes, wedi derbyn swydd Telynor Llys i Dywysog Cymru, Siôr III. Ceir cyfeiriad hefyd at y ffaith mai telynau teires a genid adeg Elisabeth I ac y canwyd un yn Eisteddfod Caerwys 1658 ac yn ogystal yn arwisgiad Brenin Harri'r Pumed. Yn ail ran y cyngerdd, canodd Nansi drefniannau o alawon gan John Thomas, Pencerdd Gwalia, (Telynor y Brenin Edward VII) sef 'Gwŷr Harlech', 'Nos Calan', ac 'Ar hyd y nos'. Cyn diweddu, canwyd 'Ffarwel Philip Ystwyth' ac yna'r Anthem Genedlaethol i gloi. Gofynnodd y Tywysog i un o'r gynulleidfa beth oedd ystyr 'Ffarwel Philip Ystwyth', a dyma'r ateb a gafodd gan un o'r gwahoddedigion a eisteddai wrth ei ochr,

Farewell nimble Philip.[17]

Ni ellir troi oddi wrth yr hanesyn hwn heb sôn am un o'r troeon trwstan hynny a ddigwyddai mor aml i Delynores Maldwyn:

Roedd y diwc a'i gwmni braidd yn hwyr yn dod, rhoddais inne fy nhrwyn yn fusneslyd rhwng y blodau a'r trimins ar relins y balconi i weld a oedd rhywun yn y golwg.
    'Hei,' meddwn i wrth ryw ddyn a welwn ar y gwaelod. 'Is he coming? Let us know when to strike up the "Men of Harlech".
    Pwy oedd o ond y Diwc![18]

Deuai hanesyn fel hyn i'w chof yn aml a cheir cronicl difyr iawn ohonynt yn ei llyfr *Cwpwrdd Nansi*.[19] Ni fyddai gan y straeon yr un swyn o gael eu hailadrodd gan neb arall. Roedd gan Nansi ddawn i fynegi'r dwys a'r difyr mewn dull hynod ddeniadol. Daw ei diddordeb mewn ysgrifennu i'r amlwg yn ei hymdrech i gyhoeddi darn o'i barddoniaeth fel rhan o gân o'r enw 'Y Wawr' yn 1958. Y geiriau a rhan o'r cyfeiliant yn unig wnaeth Nansi, a Jack Foulds, Croesoswallt a gyfansoddodd y rhan helaethaf o'r gerddoriaeth. Unawd i Gontralto, neu Fariton ydyw ac fe'i cyflwynwyd i'r Fonesig Gwladys Williams, Y Bala.

Cefnogwyd Nansi yn ei gwaith gan nifer o gymdeithasau a phwyllgorau ar hyd ei hoes. Derbyniodd gymorth parod iawn gan Gymrodoriaeth Cadair Powys o'r cychwyn. Ni allai Nansi ddirnad y fath werthfawrogiad o'i gwaith ond ar 6 Mehefin 1959, cyflwynwyd dwy gadair freichiau hardd i Cecil a hithau ynghyd ag Albwm yn llawn teyrngedau gan bobl fel Jano a Clement Davies (A.S. Maldwyn), Erfyl Fychan; W. J. Jones (Gwilym Fychan); Gwilym R. Tilsley; Gwilym Rhys (Llangurig); D. Glyn Lewis (Glyn o Faldwyn); Ifor H. Lewis (Ifor Llefenni); Hilda Alun (Alaw Llugan); Mrs K. A. Evans (Ceinwen Môn); Maldwyn Meirion; Haydn Pugh, Aberangell ('Garnedd'); Y Prifardd John Evans, Porthmadog (Sion Ifan); Iorwerth Wyn, Aberhosan; Selyf Roberts; a Marged Jones (Mererid Ceri). Mewn un llythyr wyth mlynedd yn ddiweddarach, nid oedd Nansi wedi anghofio'r ŵyl na'r fraint o gael bod yn rhan ohoni:

> Last night at a Committee of the Powys Association they have given me another honour! Many years ago [cyn mynd i America] they presented me with a Gothic with two lines of poetry scribbled on it . . .

a dyma'r geiriau hynny:

> Cyflwynedig i Delynores Maldwyn gan ei chyfeillion a'i hedmygwyr. Mae hawliau dyrchafael offeryn mor fwyn yn cyrraedd i'r Nef a Gogoniant.' (Dyfed)[20]

Â ymlaen yn ei llythyr:

the one that presented me at the Ceremony was Earl
Haig . . . O! five [sic 8] *years ago the Powys presented me*
with two armchairs worth 50! indeed all this is more
than I deserve to understand. Also a beautiful Album of
poems by Bards of the Country, all written for me. It
makes me weep sometimes to realise all this kindness!
Thank God for friends . . . that have crowned my efforts,
I have worked hard under difficult circumstances.[21]

Gwir fo'r gair.

Hybu doniau lleol oedd agwedd arall o'i chyfraniad fel y
gwelwn o'r llythyr a dderbyniodd gan Mansel Thomas
(Pennaeth Cerddoriaeth, BBC Cymru), 6 Ionawr 1961:

Yr oedd yn dda gennyf glywed am eich cantorion lleol,
sef Richie Jones, Llangadfan, a Megan Edwards.
Gobeithiaf daw cyfle i wrando ar y ddau yn y dyfodol
agos. Yn y cyfamser byddaf yn ddiolchgar iawn i gael
gair oddiwrth y ddau yn gofyn am ragbrawf.[22]

Fel y gwelwyd droeon, ni ddeuai dim i wahanu Nansi
oddi wrth ei brwdfrydedd penderfynol, ac yn ddiamau
dyma un llinyn mesur o'i llwyddiant. Roedd yn adnabod
cymaint o bobl a'r mwyafrif ohonynt yn ei pharchu'n fawr
ac yn ymwybodol o'i gweledigaeth ar gyfer y deires a
pharhad y traddodiad yn gyffredinol. Fe'i hystyrid gan
lawer yn un i ymgynghori â hi ar faterion
cerddorol/hanesyddol ac ni fentrai neb i'w gwrth-ddweud.

Amgueddfa Horniman yn Llundain fu yn denu ar y
deunawfed o Hydref 1961. Fe wahoddwyd Telynores
Maldwyn ynghyd â Mary Rowlands i ganu'r delyn fel rhan
o'r Gyfres Cyngherddau Nos Fercher a gynhaliwyd yno. Y
teitl ar eu cyfraniad hwy oedd 'Harps and Harpers'. Mewn
llythyr at Robin James Jones dywed:

*Rwy'n mynd i Gaergybi heddiw tan fory ac i Lundain yr
wythnos nesaf – ie cofiwch i'r Horniman's Museum! yr
hen greadures ynte, wel wir mae Mary Roland o
Accrington a fine yn rhoi Recital yno (drwy'r BBC
Library) ac rwyf braidd awydd mynd ar Grecian i
Morley am overhaul – cyfle go dda os mai mewn Van yr
af yno.*[23]

AR GOF A CHADW

Fel gwraig a gyrhaeddodd oed yr addewid yn urddasol
roedd ei hapêl cymaint ag erioed, ac yn ôl tystiolaeth llawer
roedd hi'n dal i deithio o un lle i'r llall heb oedi'n hir cyn
codi ei phac a mentro i fan arall. Erbyn hyn, roedd amryw
yn pwyso arni i gofnodi ei hanes. Un yn arbennig oedd
Kate Roberts, a fynegodd mewn llythyr, dyddiedig 27
Hydref 1961 fel y dylai Nansi ysgrifennu ei hatgofion a'r
holl fanylion a hynny yn ei geiriau ei hun. Roedd Kate
Roberts, fel eraill, yn ei ystyried yn fraint cael mynd ar ofyn
Nansi ac ar y pryd roedd yn chwilio am delyn ail-law i Ysgol
Gymraeg Dinbych. Pwy well i helpu gan ei bod ers
blynyddoedd yn gofalu am delynau'r Gymdeithas Cerdd
Dant.

Aeth i Iwerddon drachefn yn 1962 i'r Ŵyl Ddawnsio
Gwerin Rhyngwladol gyda Miss Lily Comerford yn trefnu
unwaith yn rhagor. Maria Goossens, Telynores Maldwyn,
ac un arall nas enwyd oedd yn mynd ar y daith, gyda Mrs
Piatt (gwraig Don Piatt) yn eu hebrwng. Yma gwelwn
Nansi unwaith yn rhagor yn 'sefyll' ochr yn ochr â
thelynorion clasurol, proffesiynol y cyfnod. Dyna brawf o'i
gallu a'i statws ym myd y delyn. Yn y llythyr soniwyd gan
Lily Comerford ei bod yn trefnu rhaglen deledu ar ei
chyfer:

I am certain you will have a very big following of young harpists as Dublin is full of them now, we have three or four secondary schools all teaching the 'Harp' so you will have a big following.[24]

Roedd Nansi'n ymwelydd cyson â'r Ynys Werdd, ac ar ôl un cyfnod yn chwarae mewn Gŵyl Ddawnsio Rhyngwladol yno, croniclodd ei phrofiadau mewn llythyr at Meinir Burden fel a ganlyn:

rown i wrth fy modd yno a chefais wahoddiad taer i fynd a'r delyn deires i'r Trinity [Coleg] *mis nesaf i'w chwarae i gant o delynorion! ond nid wyf leicio'r môr yr adeg yma!* [25]

Dyma brawf pellach fod apêl Nansi yn mynd y tu hwnt i'w gwlad a'i diwylliant ei hun a bod iddi barch ymysg telynorion proffesiynol yr oes yn ogystal.

Rhwng 1963 ac 1976, bu Nansi'n aelod o Bwyllgor Cymdeithas Telynau Cymru, gydag Emrys Jones, Llangwm a Derwyn Roberts, Wrecsam, ymhlith eraill. Yn ôl tystiolaeth yr Athro Ann Griffiths:

Fe wnaethon nhw gyfarfod mewn ysgol unwaith gan eistedd wrth hen ddesgiau a gynhwysai beth dal inc bob ochr, 'Jest y peth i Cecil a fi wrth y tân', medda hi – 'un twll i ddal y pupur, a'r twll arall i ddal yr halen!'[26]

Gellir dychmygu Nansi mewn pwyllgorau maith yn ysgafnhau cryn dipyn ar y digwyddiadau ond gellir ei dychmygu hefyd fel ci ag asgwrn rhwng ei weflau yn gafael yn dynn yn ei syniadau, yn gwrthod ildio i neb, ac yn mynd yn ddiamynedd os na ddeuai canlyniadau cadarnhaol ar unwaith!

Wel mewn Pwyllgor Telynau benthyg C.Dant, fe
ddwedais i y tybiaf fod telynau Celtaidd ddigon da i rai
am flwyddyn am mai i edrych oes addewid yn rhai yw ei
pwrpas, mae rhai mewn cyflwr difrifol ar fenthyg gan rai
nid oes gan lawer o'r beginners harp sense o gwbl! A oes
modd prynu telynau bach! tybed [?] *mae arnaf eisio tair*
ar unwaith!

Maddeuwch bob sgrible Ann daliwch ati gyda'r
telynau mae 'grit' yn eich gwaed mae eisio *penderfyniad*
i gario ymlaen ac arian! bobl annwyl oes.[27]

Roedd 1963 yn flwyddyn anodd i Nansi mewn llawer
ystyr. Bu'r ymchwilydd Joan Rimmer a chynrychiolydd y
BBC Madeau Stewart mewn cysylltiad â hi ers dechrau'r
chwedegau ac ym mis Ebrill 1963 daethant i Fferm
Penybont ym Mhen-y-bont-fawr i'w recordio'n canu'r
delyn deires er mwyn cael cofnod ohoni yn archifau'r BBC
ond yn ogystal i gasglu deunydd ar gyfer rhaglen radio
oedd i'w threfnu a'i chyflwyno gan Joan Rimmer. Ar un
wedd roedd Nansi'n falch iawn o'r cyfle ond ar y llaw arall,
gwyddai ei bod yn bymtheg-a-thrugain mlwydd oed ac na
allai ganu'r delyn fel y medrai gynt. Mewn amryw o'i
llythyrau o'r cyfnod, gwelir y rhwystredigaeth a fodolai yn
ei chalon:

Meeting Mary, Madeau + you will be one of the biggest
moment (sic.) of my life, to discuss things that have been
smouldering in my heart and head since I was a child at
the eleventh hour of my life will tell on me more than you
can ever realise.[28]

Roedd hi'n gwbl benderfynol o gyflawni'r gwaith er y
gwyddai y byddai'n dreth arni:

I was a perfect definition of 'impossibility', a stranger to my mind + fingers. Yes; as bad as this; I felt I was someone else in somewhere else! lost!! [29]

When recording my mind becomes triple like my harp + the strings knows it, one cannot deceive them. [30]

Roedd hi'n amlwg yn realydd, yn ymwybodol iawn o'i gallu a'i gwendidau. Dyma dasg hanfodol unrhyw berfformiwr. Wrth ymateb i'w gofidiau parhaus cynigiodd Madeau Stewart a Joan Rimmer lawer iawn o gefnogaeth iddi. Roeddent wedi dotio at y wraig hon a gynrychiolai gyfnod mor gyfoethog yn hanes cerddoriaeth:

I cannot thank you enough for giving us so much of your time last week, and for working so very hard for us. [31]

I learnt so much during those two days with you, and you are an angel to give of yourself, your skill, your knowledge, and your rememberances so freely. [32]

I am an admirer of yours and I love to hear you play and talk. Real musicians are two few and far between. I have not had much difficulty editing your tapes. Joan is coming to hear them this week and to select the bits she wants from the speech part . . . Don't try recording everything all over again! What an idea! . . . I never knew a harp could be so expressive until I heard you. [33]

Darlledwyd y rhaglen ar yr unfed ar hugain o Fedi 1963 am ddeng munud wedi deg yr hwyr ar y 'Third Programme'. Cafodd lythyr o werthfawrogiad gan y delynores enwog Marie Goossens a ddyfynnir isod:

My dear Mrs Jones,

I was delighted to hear your recital on the Welsh Triple Harp on the BBC Programme, and made *notes* about it. Your playing fascinated me, you put so much power into it and your really *did strike* the harp. The difficulties could only be appreciated by a Harpist, as I realised that you had to use a third row of strings for the accidentals. We have at the Royal College of Music (where I teach) the Triple Harp which belonged to John Thomas and it is much appreciated though never used – he left it to the College when he died.

One day I hope to visit Wales and would like to meet you. May that time be not too far ahead. All good wishes from

Your admiring colleague,

Marie Goossens.[34]

Tystiolaeth gadarn unwaith yn rhagor fod rhai telynorion proffesiynol ledled gwledydd Prydain yn sylweddoli camp Nansi ac yn rhoi'r clod haeddiannol iddi.

Yn ystod y paratoadau ar gyfer y recordio nodai Nansi mewn sawl llythyr fod Cecil, ei gŵr, yn wael iawn, yn methu bwyta ac angen sylw parhaol. Beth bynnag a ddyweder am eu perthynas, bu Nansi yno wrth erchwyn ei wely am fisoedd cyn ei farwolaeth. Ym mis Ebrill 1963, bu Cecil yn yr ysbyty am gyfnod a dyna pryd y manteisiodd Nansi ar y cyfle i ymarfer a dysgu rhai darnau ar gyfer eu darlledu. Enw un o'r darnau hyn oedd 'Gagliarda' a dywed Nansi mewn llythyr at Madeau Stewart fis Ebrill 1963 ei fod yn ddarn anodd a bod tannau'r delyn o'r maint anghywir fel nad oedd digon o le i gyrraedd y tannau canol, ar gyfer yr hanner tonau, gan fod angen eu canu mor gyflym (dau ar unwaith ar un achlysur).

O fewn tri mis roedd Cecil wedi marw a Nansi hithau

wedi ymlâdd ac o dan deimlad garw. Ei phoen mwyaf yn ôl pob tebyg oedd gofalu am faterion ariannol y tŷ. Rhydd yr argraff mewn sawl llythyr nad oedd wedi cymryd yr awenau mewn materion felly, ac fe soniwyd gan ambell un mewn cyfweliad â'r awdur nad oedd ganddi syniad sut i drin arian. Roedd hyn yn nodweddiadol iawn o rai o gerddorion y dydd – doedd gan y rhelyw ddim gallu i drin busnes, gan mai'r perfformio a'r gerddoriaeth oedd yn flaenllaw yn eu meddyliau.

Roedd gan Nansi bethau eraill i ymboeni â hwy yn aml – pethau ym myd y delyn a cherddoriaeth Cymru yn gyffredinol. Un o'r pethau fu'n mynd â'i bryd yn ystod ei hoes oedd byd y tylwyth teg. Mewn cyfweliad â Robin Gwyndaf[35], teimlai Nansi y dylid credu ynddynt er fod ganddi amheuaeth weithiau am eu bodolaeth. Wrth reswm, ar yr aelwyd ym Mhenybont ni cheid sôn amdanynt gan fod ei mam yn gapelwraig ffyddlon. Ond yn ôl Nansi fe welodd ei mam ysbryd unwaith ar ben llidiart y Parc – aderyn bach yn canu mewn olwyn o dân ac yn ôl pob sôn, gwelodd dau arall o drigolion yr ardal yr un peth. Tystia Nansi iddi hithau hefyd weld a chlywed tylwyth teg, a hynny pan oedd Cecil a hithau'n byw yn Hafod y Porth, Beddgelert. Clywodd sŵn canu fel un cord mawr – cord wedi'i gynnal am hir a oedd yn distewi a chryfhau. Roedd y sŵn i'w glywed bob nos hyd nes i Nansi dybio mai'r gwynt ydoedd. Pan ddaeth telynores o'r enw Gladys Hughes (Llinos Gronant), Prestatyn, i aros gyda hwy, fe'i deffrowyd ganol nos gan sŵn canu. Darbwyllodd Nansi hi mai'r gwynt oedd yn chwarae mîg ond cododd drachefn gyda'r un gŵyn. Ymhen llai na blwyddyn roedd Nansi'n teithio adref o Eisteddfod Llanrwst ac fe welodd olau lled dau gae o'r tŷ. Penderfynwyd mai gwersyllwyr oedd yno ac aeth Cecil draw i ofyn iddynt adael. Ond wedi iddo gyrraedd, nid oedd neb na dim yno. Er hynny, mynnai

Nansi iddi ei weld yn crwydro yn y cylch golau. Pwysodd ar Cecil i fynd i lawr drachefn. Fe aeth dair gwaith – gan weld dim. Mae'n amlwg i'r digwyddiad greu argraff arbennig arni, gan iddi ysgrifennu at Peter Crossley-Holland (Cyfarwyddwr Cynorthwyol y Sefydliad Rhyngwladol dros Astudiaethau Cerddorol Cymharol – 'International Institute for Comparative Music Studies') ddiwedd 1963 ddechrau 1964 yn sôn am y digwyddiad[36] ac yn disgrifio'r profiad a'r synau a glywodd. Yn ôl pob tebyg roedd Peter Crossley-Holland wedi darganfod disgrifiadau eraill o 'dylwyth teg' – gyda'r nodweddion yn weddol debyg, ond fel y dywedodd yn ei lythyr dyddiedig 20 Chwefror 1964:

What I am looking for, above all, is actual melodies attributed to the fairies or other supernatural, or to mortals who encountered them, with tales accounting for their origin.[37]

Yn 1965, aeth i ganu'r delyn mewn priodas yn Rhydychen – agwedd arall o waith telynores broffesiynol – gwaith a ymgymerodd droeon. Y tro hwn, priodas Mr a Mrs Roger Davies ydoedd ac yn ôl tystiolaeth y briodferch (Mrs Catrin Puw Davies) hyd at fore'r briodas nid oedd unrhyw sicrwydd y byddai Nansi yno. Ddiwrnod ynghynt roeddent wedi derbyn dwy neges yn gwrth-ddweud ei gilydd. Roedd Nansi wedi cael damwain car rhyw bythefnos cyn y briodas a phenderfynodd na fyddai'n mynd. Tridiau cyn y briodas fe ffoniodd wedyn gan ddweud ei bod yn gobeithio mynychu'r achlysur. Y diwrnod canlynol, dywedodd na fyddai'n dod gan na wyddai'r ffordd, a bod y daith yn rhy bell. Ond ni fedrai Nansi gadw draw a daeth i'r briodas mewn dillad newydd addas ar gyfer yr achlysur. Tystia Catrin Puw Davies bod y gwahoddedigion wedi ymserchu ynddi a chan ei bod hithau wedi hen arfer â chymdeithasu roedd hi'n siarad ac yn cymdeithasu'n dda. Nid oedd hi'n swil o gwbl – mor wahanol i'r hyn yr oedd gartre yn ôl Mrs Davies. Profa hyn unwaith yn rhagor fod gan Nansi'r cymeriad angenrheidiol i fod yn gerddor proffesiynol a allai berfformio mor aml o dan amgylchiadau gwahanol a hynny'n effeithiol tu hwnt.

Ceir llythyr gan Nansi oddeutu 30 Awst 1965[38] yn sôn am Lyn Tryweryn (Llyn Celyn yn awr) ac mae'n amgáu cân o'r enw 'Hunllef' a ysgrifennodd yn ei llid pan garcharwyd bechgyn o ganlyniad i'r protestio fu ynghylch boddi pentref Capel Celyn. Dywed Penri Roberts mewn cyfweliad â'r awdur (28 Mehefin 1989) nad oedd Nansi'n gofidio beth oedd pobl yn meddwl ohoni. Galwodd yntau heibio i'w chartref ar y ffordd i brotest Cymdeithas yr Iaith Gymraeg wrth ymyl Llyn Celyn. Gan ddweud wrth Nansi ble'r oedd yn mynd, fe atebodd hithau ar unwaith,

Ew, ddo' i efo chi! – a dyna'r profiad fu'n cyniwair o'i mewn ac a barodd iddi gyfansoddi'r farddoniaeth isod:

Hunllef

Mi welais ar fy nhrafel
Fachgenyn yn ei grud
A'i law rhy fach i afel
Ym mhethau mawr y byd,
A gwelais gysgod rhywun
A mwgwd am ei ben
Yn torri tannau'r delyn
Yng nghegin Rhydyfen.

A thrannoeth gwelais ddynion
Pob un â'i fwa saeth
Yn godro gwartheg duon
A'u pyrsau'n dyn o laeth,

Crechwenent wrth ei godro,
Ew! dyma hufen tew!
Mae llaeth hen fuwch y Cymro
I'r dim i besgi llew.

Ai ofer fu y bechgyn
Yn syllu drwy y Glaer
Ar ddiwedd Capel Celyn
Mewn carchar tywyll oer?
Cyfodwn gledd dialedd
Deffrown y mae hi'n ddydd
Nid rhwd yw ei anrhydedd
Hyd nes daw Cymru'n rhydd.

Melangell

Teimlai Nansi i'r byw am yr hyn a ddigwyddodd a gellir dadlau, er na fu'n eithafol ei natur tuag at genedlgarwch, iddi genhadu dros Gymru am ddegawdau a hynny yn ei ffordd ddihafal ei hun – trwy gyfrwng cerddoriaeth. Ceir tystiolaeth bellach o hyn yn y ffaith iddi gael ei gwahodd drachefn i'r Ŵyl Ddawnsio Rhyngwladol fis Medi neu Hydref 1965. Cynhaliwyd yr Ŵyl yn Theatr Mansion House, Dulyn a chafodd groeso mawr yno. Bu'n chwarae bob nos am wythnos gyfan a gellir ei dychmygu yn sgwrsio'n rhwydd am y delyn deires a'i tharddiad, ynghyd â thraddodiad diwylliannol Cymru.

Tua'r un cyfnod, derbyniodd lythyr gan y BBC yn dweud eu bod yn bwriadu rhoi caniatâd i Amgueddfa Victoria ac Albert, Llundain ddarparu 'juke-box' yn llawn recordiau o hen offerynnau. Y bwriad oedd dangos i ymwelwyr pa synau a wnaed gan yr hen offerynnau a gâi eu harddangos ganddynt. Roedd recordiad oddeutu pedwar munud o'r delyn deires (wnaethpwyd gan Nansi yn Ebrill

1963) i gael ei roi yn y 'juke-box' ar gyfer yr achlysur. Manylir yn y llythyr fod y BBC yn cynnig y gwasanaeth am ddim i'r Amgueddfa gan fod ganddynt yn eu Harchif Sain 'all rights throughout the world for all purposes'. Yr unig beth a allai Nansi ddisgwyl oedd cydnabyddiaeth briodol ar bapur. Gellir holi yn wir os mai dyma'r clod mwyaf a ellid ei roi gan y BBC i unigolyn oedd wedi gweithio mor galed am dros drigain a phump o flynyddoedd.

Cafodd ei chydnabod gan y Frenhiniaeth yn 1967. Derbyniodd lythyr o 10 Stryd Downing[39] ar Fai'r 3ydd yn sôn fod y Prif Weinidog am gyflwyno'i henw i'r frenhines i dderbyn yr MBE (Member of the Order of the British Empire). Ymateb Nansi pan glywodd hyn gyntaf, oedd ysgrifennu at Cassie Davies fel hyn:

Ust! rwyf ar y Queen's List of H. MBE. 'Tydwi'n malio run botwm corn am dano, ni buaswn yn trafferthu yn ei gylch oni bai am garedigrwydd y rhai ai ceisiodd imi hŷd yn hyn fe ddylem ei gadw'n gyfrinach! (os gwelwch yn dda).[40]

Ar y degfed o Fehefin 1967, derbyniodd Nansi lythyr gan Cledwyn Hughes (o'r Swyddfa Gymreig), yr Arglwydd Cledwyn o Benrhos erbyn hyn,[41] yn ei llongyfarch ar gael yr MBE gan ddweud ei bod yn llawn haeddu'r anrhydedd. Fe'i llongyfarchwyd gan Meuryn (un o olygyddion *Y Genhinen*)[42] a manteisiodd ar y cyfle i holi paham nad oedd Prifysgol ei gwlad wedi rhoi gradd anrhydedd iddi cyn hyn! Derbyniodd lythyr caredig arall gan Amy a T.H. Parry-Williams[43] yn mynegi eu llawenydd o glywed am ei hanrhydedd.

I'r Palas yr aeth ac meddai'n ei llyfr *Cwpwrdd Nansi* ei bod yn teimlo mor gartrefol o flaen y Frenhines Elisabeth â phetai'n siarad â Llywydd Merched y Wawr! Yn gwmni iddi trwy gydol y seremoni yr oedd Dora Herbert Jones – hithau'n cael ei hanrhydeddu â'r MBE. Bu Nansi'n cyfeilio droeon i'w pherfformiadau ar y BBC a theimlai Nansi ei bod braidd yn snobyddlyd:

> . . . ond bobol annwyl, nage. Eos heb ei dofi oedd hi i mi nes y deliais i hi ym mhlas Buckingham.[44]

Wedi iddi dderbyn y fedal ym mis Tachwedd 1967, aeth adref ac mewn un o'i llythyrau (at Cassie Davies a'r teulu), dywed:

> Ni allaf er y cyfan sylweddoli yr anrhydedd! cefais y Fedal gan y Frenhines yr wythnos diwethaf. Yr hyn wy'n werthfawrogi fwyaf yw caredigrwydd y rhai wnaeth [y] peth yn bosibl imi ond am y Fedal, allai moi rhoi amdanaf, ei byta, ei rhoi na'i rhannu![45]

Rhaid ei hedmygu. Roedd yn canmol ymdrech ei chyfeillion a gredai ei bod yn haeddu'r anrhydedd ond ni wyddai ar y ddaear beth i'w wneud â'r fedal ei hun. Mewn drôr yr oedd pan aeth Mr Emrys Williams (cyn-dechnegydd gyda'r BBC ym Mangor) i'w gweld unwaith. Dyma ofyn i Nansi *Beth yw honna?* ac atebodd hithau *O rhyw beth ges i gan y Frenhines.*[46]

Nid oedd ymffrost yn rhan o gymeriad Nansi Richards ac yn ôl barn sawl un roedd gwyleidd-dra yn rhan o'i natur ynghyd â'r ffaith ei bod yn ddidwyll iawn – dyna dystiolaeth y telynor Robin Huw Bowen a Mrs Catrin Puw Davies.[47]

Mae'r nodwedd hon o'i chymeriad i'w weld yn ei llyfr *Cwpwrdd Nansi* ac mae'n amlwg iddi gymryd awgrym Kate Roberts o ddifrif ynghylch cofnodi'i hatgofion gan iddi dderbyn llythyr ganddi, 11 Mawrth 1968, yn dweud ei bod wedi mwynhau'r ddwy bennod a ddanfonwyd ati. Tystia iddi gael blas mawr arnynt – eu bod yn ddiddorol a difyr ond yn fwy na hynny:

> yn *bwysig* yn eu gwerth fel dogfennau o hanes. Ewch ymlaen a *mynnwch* ei orffen – Ond bydd yn rhaid i chi gael rhywun i gywiro'r gwaith fel y dywedais rhaid cael cywirdeb hyd yn oed mewn tafodiaith . . .[48]

O fewn blwyddyn, derbyniodd Nansi lythyr arall – gan Wasg Gomer y tro hwn, yn mynegi fod dau ddarllenwr proffesiynol o'r farn fod ganddi ddeunydd llyfr diddorol dros ben:

> . . . ac yn wir yn amau a oes llyfr a all greu gymaint o ddiddordeb i gylch mor eang ers llawer dydd.[49]

Awgrymid y dylid cywiro tipyn ar yr iaith a'r arddull, ac yn ogystal y dylid cael cyfarwyddyd gan awdur profiadol ynghylch hyd y llyfr (gan fod y ddwy silff gyntaf yn 1,400 o eiriau, golygai fod angen oddeutu deng silff ar hugain i wneud llyfryn bychan o ugain mil). Awgrym olaf Pennaeth y Wasg oedd fod Nansi yn cyflwyno'r deunydd crai i rywun arall i'w roi mewn trefn. Rhyw dro yn ystod y cyfnod o ysgrifennu'r gyfrol, trodd Nansi at Mrs Marged Jones (Mererid Ceri yng Ngorsedd Beirdd Powys) a bu'n gefn mawr iddi gan roi trefn ar sawl adran o'r llyfr.

Yn 1972 y cyhoeddwyd y llyfr y bu cryn ddisgwyl amdano, sef *Cwpwrdd Nansi* (Gwasg Gomer, Llandysul). Ysgrifennwyd y gwaith mewn arddull hynod o naturiol nes y gallai rhywun ar adegau glywed Nansi yn ei thafodiaith yn dweud ei hatgofion yn gwbl eglur. Egyr y gyfrol gyda'r frawddeg hon:

Cyn i mi ddechre chwalu a chwilio fy Nghwpwrth, rwy'n
meddwl y dylwn i ddweud mai tipyn o bopeth a geir
ynddo. Ambell friwsionyn sych a chrystyn anodd ei gnoi
hwyrach.[50]

Ynddo ceir olrhain ei gwreiddiau ynghyd â'r dylanwadau a
fu arni, disgrifiad o'r ardal lle'i magwyd a hen gymeriadau'r
fro, cofnod o'i theithiau a'i phrofiadau bondigrybwyll, y
troeon trwstan a'i wynebodd ynghyd â phytiau am y delyn
deires a hen gerddoriaeth y Cymry. Llyfr arbennig ydyw
sy'n croniclo'n effeithiol ei chymeriad bywiog a'i gwaith
diflino dros flynyddoedd maith. Dyma ddywedodd Cassie
Davies am y gyfrol:

Campus o gyfrol flasus yn wir – cyfareddol.[51]

Gan Kate Roberts, caed y canlynol:

Rwyf wedi bod yn bwriadu sgwennu atoch ers talwm
iawn i ddweud cymaint y mwynheais eich atgofion.
Cefais flas mawr arno. Yr ydych wedi cael bywyd
cyfoethog iawn.[51]

– cyfoethog a phrysur iawn. Cyn iddi erioed freuddwydio
am ysgrifennu llyfr, roedd dawn ysgrifennu Nansi yn gwbl
amlwg. Roedd yn llythyrwr penigamp – yn ôl tystiolaeth y
cannoedd llythyrau a ddangoswyd i'r awdur presennol.

Gwelwyd yr un huodledd ym mywyd barddonol Nansi
a bu wrthi'n gyson drwy gydol ei hoes. Ar 30 Hydref 1969,
gwelwyd cyhoeddi un o'i cherddi yn y *Tyst*; cerdd o'r enw
'Emyn Weddi'.

I'th dy O! Dad 'rwy'n dyfod,
Yn wylaidd, wele fi

Mewn emyn, salm ac adnod
  Yn nesu atat Ti.

Yn nhawel hedd dy Deml
  Fy nidwyll weddi clyw,
Nid eiddil gweddi seml
  Yn d'olwg Di O Dduw.

Preswylfa yn fy nghalon
  O Arglwydd, nos a dydd
Rhag dyfod du amheuon
  I'm siglo yn y ffydd.

Mae anadl f'einioes ynot,
  'Wyt fara bywyd im,
Nid bywyd, bywyd hebot
  O Dad! 'Heb Dduw Heb Ddim'.

                                    Melangell

Yn yr un mis cyfrannodd i'r cylchgrawn Cymraeg Byw[53] gyda'i herthygl afaelgar 'Nid o Rym Corff y Cenir Telyn' ac mewn llythyr diolch gan W. J. Davies[54], golygydd y cylchgrawn, fe'i hanogir drachefn i gyfrannu mewn ysgrif neu ysgrifau. Roedd ei dawn dweud yn ddihysbydd a'i hanesion mor afaelgar. Nid oes syndod eu bod felly gan iddi fyw dros gyfnod mor faith. Cyfrannodd Nansi'n ymarferol i raglen nodwedd ym Mhlas Gregynog ddechrau Awst 1971, (a hithau'n wraig pedwar-ugain a thair!) – roedd hyn yn dipyn o gamp. Daliai ati i gyfeilio ac yn y flwyddyn hon yn ogystal y recordiwyd ail ochr y record o berfformiadau Nansi, 'Celfyddyd Telynores Maldwyn' (The Decca Record Company Ltd., Llundain). Rhyddhawyd y record yn 1973 gyda rhai o'r darnau ar yr ochr gyntaf wedi eu recordio gan y BBC yn 1959 a 1963, ac un o'r darnau 'Y Gaeaf', wedi'i recordio yn Eisteddfod fawr Lewis's, Lerpwl yn 1947. Ar wahân i dri darn, perfformiwyd pob un ar y delyn deires. O feddwl fod Nansi dros ei phedwar ugain yn recordio'r gweddill (sef rhan helaethaf y record) mae'r record yn un rhagorol, ond gresyn na wnaethpwyd recordiadau llawer cynharach ohoni fel atgof o'r hyn a allai'r wraig ryfeddol hon ei gyflawni. Nid yw'r perfformiadau ar y record yn adlewyrchu gwir ddawn Nansi Richards fel telynores amryddawn. Roedd yn drigain namyn un pan recordiwyd 'Y Gaeaf' yn 1947 ac roedd Nansi ei hun yn ymwybodol iawn o wendidau'r record hon, er enghraifft, mae'r darn 'Melfyn' yn frith o sŵn pedalau'n taro – gwendid y byddai technegydd wedi'i osgoi pe bai'r amser (a'r adnoddau) ar gael. Teimlai Nansi na allai ganu'r delyn i'r un safon â chynt gan ei bod yn heneiddio ac am na fedrai weld yn glir. Ni pheidiai â sôn am ei bysedd 'cam' a'r esgyrn a dorrodd yn ei garddwrn. Nid codi esgusodion ydoedd, ond beirniadu'n deg ei hymdrech i oresgyn y problemau hyn.

CLOI'R CWPWRDD

Bu Nansi yng Nghaerdydd ddechrau Rhagfyr 1972 mewn noson o adloniant yng ngwesty'r Parc – noson a drefnwyd gan y canwr Meic Stephens, a cheir llun ohoni mewn toriad papur newydd dyddiedig 7 Rhagfyr 1972 gyda'i thelyn deires, yn cymryd rhan yn y noson honno. Dyna brawf o'i pharodrwydd i uniaethu'i hun â'r traddodiad ysgafn, cyfoes gan sefyll ar lwyfan ochr-yn-ochr â pherfformwyr ifanc y cyfnod.

Gyda chyhoeddi 'Celfyddyd Telynores Maldwyn' yn 1973, ceir cyfweliad papur newydd gyda Raymond Ware

(Qualiton), cwmni recordiau Decca a gyhoeddwyd ar 26 Gorffennaf 1973. Dywed:

She is an incredible woman – tough, full of personality and very bright.[55]

Yma hefyd, sonnir ei bod yn cymryd rhan yn y rhaglen 'Women Only' ar HTV y diwrnod canlynol (27 Gorffennaf 1963), 2.30pm. Pwysleisiwyd fod Telynores Maldwyn yn mynd i America fis Medi gyda'i nith Mrs Iona Trevor Jones, Tŷ Isa, Pontfadog, Llangollen. Gosod blodau yw galwedigaeth Iona Trevor Jones ac mae'n enwog ym Mhrydain a'r tu hwnt. Gwahoddwyd hi gan y Parchedig K. O. Jones i roi arddangosfa flodau yn Neuadd Eglwys Bresbyteraidd Fifth Avenue, Efrog Newydd ar 12 Medi 1973. Gwyddai i Nansi fod yn yr Amerig flynyddoedd ynghynt ond pan sylweddolodd fod hanner can mlynedd ers hynny, tybiai y byddai'n syniad ardderchog trefnu i Nansi (ynghyd ag Edith Evans, Telynores Eryri) ddod ar y daith. Felly hanner canrif yn ddiweddarach, roedd yn dychwelyd i Efrog Newydd i gynnal cyngherddau eraill. Yn ôl adroddiadau papur newydd yn y Daily Post, 5 Medi 1973: 'Day to Day in Wales' gan Arthur Williams, roedd Edith am drosglwyddo dehongliad o'r 'Tramp' enwog gydag aelodau eraill o'r cwmni yn canu caneuon poblogaidd o Gymru. Pan ddaeth noson y cyngerdd yn Eglwys Bresbyteraidd Fifith Avenue, daeth gwraig at Nansi (ar ôl iddi berfformio) gan ddweud iddi fod yn y cyngerdd a gynhaliwyd yn y neuadd honno hanner can mlynedd ynghynt. Yn ystod y fordaith yn ôl ar y QE2 (Medi'r 15fed), traddodwyd cyfres o ddarlithoedd, ffilmiau, ac arddangosfeydd blodau gan Iona Trevor Jones.

Mae'n amlwg i Nansi ddechrau paratoi ail gyfrol o'i hanesion gan fod llythyr yn disgwyl amdani pan ddaeth adref o'r America gan y Cyngor Llyfrau Cymraeg (13 Medi 1973):

> Da oedd gennyf glywed eich bod wedi mynd ati i lenwi silffoedd newydd i'r Cwpwrdd. Fe fydd y gaeaf o'ch blaen pan ddowch yn ôl ac mae'n siwr y gallwch dreulio cyfran ohono yn cwblhau'r gyfrol . . .[56]

Erbyn heddiw, gwyddys na chwblhawyd y gyfrol, ond fe gafwyd cyfrol arall wedi'i golygu gan Marged Jones yn 1981, sef Nansi (Gwasg Gomer, Llandysul). Ar y seithfed o Fai 1974, cafwyd apêl daer iawn gan Victor John ar i Nansi:

> fynd ati o ddifri i lunio'r ail gyfrol o'ch hunangofiant. Mi wn fod miloedd o bobl yn disgwyl amdano a da chi er fy mwyn i ac er eu mwyn nhw beth am dorchi llewys rwan?!! Mae anawsterau mawr ar eich ffordd rwy'n gwybod ond ni faddeuwn i mi fy hun pe na baech yn rhoi'r ail silff o'r cwpwrdd inni yn dwt eleni.[57]

Nid felly y bu. Roedd gan Nansi gymaint o alwadau, ynghyd â thrafferthion gweld ('cataract' ac yn y blaen) fel i'r gofynion fynd yn drech na hi mae'n debyg.

Parhau i gynnal cyngherddau wnaeth Nansi (yn Stafford a Llanelli) a hynny yng nghwmni artistiaid lleol. Profodd yr awydd i barhau i berfformio a chanu'r delyn, gan ddal ati i roi gwefr i gynulleidfaoedd lu.

Ceir prawf iddi wneud gwaith i'r BBC (12 Tachwedd 1975) gan gymryd rhan mewn ffilm, chwarae darnau ar y delyn a chael ei holi gan Gareth Glynne Davies, a hynny yn Llwyngwril, Tywyn. Rhaglen o'r enw 'Ar Drywydd Awen: Y Telynorion' oedd hi ac fe'i darlledwyd ar y 26ain o Chwefror 1976 gyda'r rhaghysbysiad canlynol yn y Radio Times:

'Delyn hoff! ein cenedl ni – gâr ei thant,
    Gwyrth o hud yw iddi;
    Tant ei chân, tant ei chyni,
    A thant aeth â'i henaid hi.'

Fel yna y canodd Eifion Wyn i'r Delyn, ond beth ydi apêl yr offeryn erbyn heddiw? A oes unrhyw gyfiawnhad dros ei galw'n Offeryn Cenedlaethol?[58]

Gydag abwyd fel hyn sut allai Nansi wrthod?

Ar y deunawfed o Fedi 1976, anrhydeddwyd Telynores Maldwyn mewn cyfarfod Teyrnged Genedlaethol ym Mhafiliwn Corwen. Grŵp Adloniant Cymdeithas yr Iaith drefnodd y noson fel cydnabyddiaeth i un yn eu tyb hwy na chafodd gydnabyddiaeth ddigonol gan ei gwlad, gan i Brifysgol Cymru (un o'r sefydliadau mwyaf), wrthod rhoddi gradd er anrhydedd iddi ddwywaith. Trefnwyd y noson ar y cyd gan Gymdeithas yr Iaith, Cymdeithas Alawon Gwerin, Cymdeithas Ddawns Werin Cymru, Cymdeithas Telynau Cymru a Chymdeithas Cerdd Dant Cymru. Meredydd Evans oedd yn cyflwyno'r noson gyda Chôr Cerdd Dant Aelwyd Caerdydd yn cymryd rhan, ynghyd â Dafydd Roberts (Llwyngwril), un o ddisgyblion Nansi ar y delyn deires, Elfed Lewis y canwr gwerin, Owen Huw Roberts y clocsiwr, gyda Haf Watson (disgybl arall i Nansi) yn cyfeilio iddo, Trefor Edwards, datgeinydd Cerdd Dant, Ifas-y-Tryc (Stewart Jones), Margaret Owen (cantores) yn canu cywydd a gyfansoddwyd yn arbennig ar gyfer yr achlysur gan W. D. Williams, Dafydd Iwan, Triawd Tanat (oedd yn cynnwys nith i Nansi, Edna Jones), Edith Evans (Telynores Eryri) a Delyth Blainey, cantores o Lanerfyl. Cyflwynwyd rhodd iddi yn ystod y cyfarfod, sef copi o'r Cywydd Teyrnged (W. D. Williams) wedi'i fframio a'i addurno'n gywrain gan Ifor Owen Llanuwchllyn. Un o ganlyniadau'r noson oedd sefydlu 'Ymddiriedolaeth Nansi Richards' er mwyn casglu a gweinyddu cronfa o arian i gydnabod gwasanaeth arbennig Telynores Maldwyn ym maes canu telyn. Y bwriad oedd darparu ysgoloriaeth flynyddol i delynor dderbyn hyfforddiant mewn sefydliad neu gan athro cydnabyddedig. Mae'r ysgoloriaeth yn un deilwng ac mae'r cystadlu amdani yn frwd ac yn un o uchafbwyntiau bywyd telynorion ifanc. Dyna ddull haeddiannol o gofio am waith diflino Nansi Richards ym myd y delyn yng Nghymru.

Soniwyd eisoes fel y gwrthodwyd dau gais am radd er anrhydedd i Nansi gan Brifysgol Cymru. Yn 1970 y gwnaethpwyd y cais gwreiddiol a hynny gan Amy Parry-Williams ond bu'n aflwyddiannus. Tua diwedd 1973, derbyniodd y Dr Meredydd Evans lythyr gan Amy Parry-Williams yn gofyn a fyddai'n barod i wneud ail gais, gan ei fod yn aelod o Lys y Brifysgol ac meddai fel hyn:

Tan ryw 2-3 blynedd yn ôl, 'rown innau'n aelod ac fe enwebais Nansi Richards (Jones) am Radd M.A. 'Ddaeth dim byd o hynny . . . *un* Nansi sydd. Petai hi'n ddarn o briddfaen . . . fe fyddai'n amhrisiadwy fel *'yr unig un'*. Ac y mae'n rhaid imi ddweud ei bod yn warth na wnaiff Prifysgol ein cenedl ni gydnabod hynny.[59]

Lluniwyd y cais erbyn diwedd Rhagfyr 1973 ond bu'n fethiant drachefn. Ar yr wythfed o Awst 1976, derbyniodd y Dr Meredydd Evans lythyr gan Iorwerth C. Peate yn gofyn iddo gydweithio ag ef i ennill gradd D. Mus. er anrhydedd i Nansi Richards. Yn ôl pob tebyg, roedd wedi ceisio darbwyllo rhai o gerddorion proffesiynol y Brifysgol i gefnogi'r cais er rhai blynyddoedd. Bu'n sgwrsio â Joan Rimmer flynyddoedd ynghynt ac yr oedd hi'n rhyfeddu nad oedd Prifysgol Cymru wedi dyfarnu anrhydedd o'r fath iddi.

A rhyfedd meddwl fod hanner-can mlynedd wedi mynd heibio er pan oedd J. E. Jones y canwr penillion yn ei chlodfori wrthyf. Byddai llythyr enwebiad uwchben enwau dwsin neu ragor o aelodau'r Llys yn siwr o fod yn effeithiol.[60]

Bu cais 1976 yn llwyddiannus ac ym mis Ebrill 1977 (pan oedd Nansi bellach yn byw yn y Parc, Bala) ceir llythyr gan Iorwerth C. Peate at Nansi yn ei llongyfarch, fod Prifysgol Cymru am ei hanrhydeddu â gradd D. Mus. Y Parch. R. D. Roberts a'i wraig, Llwyngwril aeth gyda Nansi i'r seremoni. Roeddent i aros yn Neuadd Pantycelyn dros nos, Gorffennaf 22-23 a mynychu cinio arbennig yng Nghwmni'r Tywysog Siarl a Dug Caeredin. Yr Athro R. Geraint Gruffydd gafodd y gwaith o gyflwyno Nansi Richards ar gyfer ei gradd Doethur mewn cerddoriaeth ac olrhain rhywfaint o'i hanes. Sylwer nad cerddor o'r sefydliad (yn ôl y drefn arferol) gafodd y fraint o gyflwyno Nansi Richards i'r cynulliad. Roedd hyn yn arwyddocaol iawn o agwedd y Cerddorion 'cydnabyddedig' at gerddoriaeth werin. Dyma un o'r teyrngedau a gafwyd iddi y flwyddyn ganlynol wrth iddi ddathlu ei phen-blwydd yn ddeg-a-phedwar-ugain – meddai tîm Gwynedd yn Ymryson y Beirdd (yn y Brifwyl):

Tery ei thant o hiraeth – a tharo'i
    Theires yn beroriaeth.
    Taro hen awen a wnaeth
    A tharo ar Ddoethuriaeth.

Ar ei phen-blwydd, cynhaliwyd noson arbennig iddi ym Mhlas Trelydan (ger y Trallwng). Noson o ddathlu ac o gofio. Eisteddfod Powys a'i gwahoddodd yno gan ei bod yn aelod o'r Orsedd honno, a chan fod Nansi yn un o

100

Lywyddion Anrhydeddus cangen Llanfyllin o Ferched y Wawr, roedd aelodau o'r gangen honno yn bresennol, ynghyd â pherchennog y plasdy sef nith i Nansi – Mrs Iona Trevor Jones. Mewn llythyr ati 26 Ebrill 1978, dywed Nansi:

Bu Dilys H. Unos ai merch yma y pnawn yma yn deud am y Noson Anrhydedd wyf i gael yn N. Lydan rwyn ei werthfawrogi'n fawr ond O! i fu fy salach am godi ar ei thraed i ddiolch! + etc. Fe wyr Cymru hyny. Sut bynnag mi fyddaf yn falch or noson.[60]

Cafodd ddwsinau o gardiau a chyfarchion ar ei phen-blwydd yn 90 – hon wedi'i chyfansoddi gan Emrys ac Anwen Jones, (Penybont, Llangwm),

Rhedlif harmonig rhadlon – ei dwylo
    Hudolus fel swynion,
I loywi hen alawon . . .
Ym mha le mae ail hon?

Llongyfarchiadau i chwi ar ben eich blwydd yn 90 oed. Gwynt teg yn gant oed.

Er chwilio a chwalu, prin iawn yw'r dystiolaeth a dderbyniwyd am weithgareddau Nansi wedi hyn, oddieithr ambell ddigwyddiad penodol. Fel y dywedodd un aelod o'r teulu wrth yr awdur fis Hydref 1992:

Mae blynyddoedd yn mynd heibio a'r cof yn pallu.[63]

Gwyddys iddi ymweld â'i ffrindiau a'i theulu droeon a chrwydro o un man i'r llall. Ond fis Gorffennaf 1979, canodd y delyn yn gyhoeddus am y tro olaf ar ddydd priodas Dafydd Roberts (Ar Log) yn hen eglwys Abram Wood ger Llwyngwril. Gwisgai siwt werdd a het smart a chanodd gymysgedd o 'Gainc Iona' a 'Chainc Donna' o'i heiddo ei hun.[64] Ddechrau Hydref 1979, cynhaliwyd noson lawen yn ei chartref yn y Parc, Bala. Daeth criw bychan ynghyd gan gynnwys y delynores Margaret Rhydwen, a hi a'u diddanodd ran helaeth o'r noson. Cyn y diwedd, fe gynigiodd y delyn i Nansi. Rhoddodd hithau'r delyn ar ei hysgwydd a chrafangodd am y tannau. Fel y dywedodd Trefor Edwards am yr eiliadau trist rheini:

Roedd telyn Nansi, hyd yn oed, wedi mynd yn fud.[65]

Erbyn diwedd y mis, roedd Nansi wedi cael strôc arall. Fe'i cymerwyd i Ysbyty Wrecsam a bu yno am rai wythnosau hyd nes iddi atgyfnerthu rhywfaint. Symudwyd hi wedyn i Ysbyty Dolgellau ond gwaethygu a wnaeth yn raddol. Ar 21 Rhagfyr 1979, bu farw 'Brenhines y Delyn' yn 91 mlwydd oed. Cynhaliwyd y gwasanaeth angladdol yng Nghapel Bethania, Pen-y-bont-fawr ddiwrnod cyn y Nadolig ac fe'i claddwyd ym mynwent Pennant Melangell gerllaw ei chyn-athro telyn, Tom Lloyd, 'Telynor Ceiriog'. Roedd eira mawr yn gorchuddio'r wlad ond er yr holl anawsterau, dylifodd pobl o bob cwr o Gymru i ffarwelio â hi. Nid oedd modd iddi mwyach godi'i chwt a thrampio ar hyd y wlad, ac yn ôl un o'i pherthnasau:

Carreg filltir fyddai'r garreg fedd orau i Nansi.[66]

---

[1] Sam Jones – ganed yng Nghlydach (dim dyddiad) a graddiodd ym Mangor yn 1924. Yn y flwyddyn honno hefyd, cyhoeddwyd ei ddetholiad o farddoniaeth Myfyrwyr Prifysgol Bangor (1923-24) o

dan y teitl *A Bangor Book of Verse: Barddoniaeth Bangor*. Cafodd brofiad fel athro ysgol a gweithiwr cymdeithasol yn Lerpwl cyn iddo gael ei benodi yn aelod o staff y *Western Mail* yng Nghaerdydd.

Yn 1933 ymunodd â staff y BBC yng Nghaerdydd fel 'Cynorthwywr Cymreig'. Ymhen dwy flynedd aeth yn Gynrychiolydd y BBC yng Ngogledd Cymru pan sefydlwyd ac agorwyd y stiwdio ym Mangor. Yno y bu fel Pennaeth hyd ei ymddeoliad yn 1963. Bu farw yn 1974.

Manylion o'r llyfr *Babi Sam yn dathlu hanner can mlynedd o ddarlledu o Fangor, 1935-1985*. (Bangor: Caernarfon: Y BBC; Gwasanaeth Archifau Gwynedd, 1985). Golygydd – Dyfnallt Morgan.

[2] Llythyr gan Sam Jones at Nansi Richards (9 Medi 1946). Trwy garedigrwydd Marged Jones.

[3] RICHARDS, Nansi: *Cwpwrdd Nansi* (Gwasg Gomer, 1972) t. 79.

[4] Llythyr gan L. H. Stable at Nansi Richards (5 Ionawr 1946). Trwy garedigrwydd Marged Jones.

[5] *Op. Cit.*, RICHARDS (1972) t. 75.

[6] Llythyr gan Emlyn Williams at Nansi Richards (23 Awst 1948). Trwy garedigrwydd Marged Jones.

[7] MAELOR, Esyllt: *Edith Cwmcloch, Telynores Eryri*, (Gwasg Gwynedd, 1987) t. 60.

[8] Am driniaeth fanylach o'r ceinciau, gweler y bennod 'Trefniannau'.

[9] Llythyr gan William Hay at Nansi Richards, (11 Gorffennaf 1955). Trwy garedigrwydd Marged Jones.

[10] Rhaglen y Dydd Eisteddfod Genedlaethol Pwllheli 1955. t. 223.

[11] *Yr Herald Gymraeg a'r Genedl* (26 Awst 1954). Dim manylion pellach.

[12] HALL, Gaenor: 'Atgofion o'r Ysgol Cerdd Dant' (*Allwedd y Tannau*, Gwasg y Dydd, neu Wasg Gee, Dinbych, 1956) Rhif 15. tt. 14-15.

[13] Llythyr gan Nansi Richards at Robin James Jones, (17 Ebrill 1972). Trwy garedigrwydd Rhian James.

[14] JONES, Marged: *Nansi* (Gwasg Gomer, 1981) t. 29.

[15] *Op. Cit.*, JONES (1981) t. 29.

[16] WILLIAMS, Huw: *John Parry (1710?-1782)* (Gwasanaeth Llyfrgell Clwyd; Gwasg Carreg Gwalch, Llanrwst, Hydref 1982) t. 13.

[17] *Op. Cit.*, RICHARDS (1972) t. 89.

[18] *Op. Cit.*, RICHARDS (1972) t. 69.

[19] *Op. Cit.*, RICHARDS, Nansi (1972).

[20] *Op. Cit.*, RICHARDS (1972) t. 70.

[21] Llythyr gan Nansi Richards at Joan Rimmer, (5 Chwefror 1967). Trwy garedigrwydd Joan Rimmer.

[22] Llythyr gan Mansel Thomas at Nansi Richards, (6 Ionawr 1961). Trwy garedigrwydd Marged Jones.

[23] Llythyr gan Nansi Richards at Robin James Jones, (9 Hydref 1961). Trwy garedigrwydd Rhian James.

[24] Llythyr gan Lily Comerford at Nansi Richards, (12 Mai 1962). Trwy garedigrwydd Marged Jones.

[25] Llythyr gan Nansi Richards at Meinir Burden. (Dim dyddiad). Trwy garedigrwydd Meinir Burden. Er nad oes dyddiad i'r llythyr, o'i

gymharu â llythyr a ysgrifenwyd gan Nansi at Cassie Davies (dyddiedig Hydref 1965) tybir mai Hydref 1965 yw dyddiad y llythyr uchod yn ogystal.

[26] Mewn cyfweliad â'r awdur (7 Rhagfyr 1988).

[27] Llythyr gan Nansi Richards at yr Athro Ann Griffiths. (Dim dyddiad). Trwy garedigrwydd Ann Griffiths.

[28] Llythyr gan Nansi Richards at Joan Rimmer, (15 Mai 1963). Trwy garedigrwydd Joan Rimmer.

[29] Llythyr gan Nansi Richards at Joan Rimmer, (15 Mai 1963). Trwy garedigrwydd Joan Rimmer.

[30] Llythyr gan Nansi Richards at Madeau Stewart, (Gwanwyn 1963). Trwy garedigrwydd Joan Rimmer.

[31] Llythyr gan Madeau Stewart at Nansi Richards, (29 Ebrill 1963). Trwy garedigrwydd AWC.

[32] Llythyr gan Joan Rimmer at Nansi Richards, (22 Mai 1963). Trwy garedigrwydd AWC.

[33] Llythyr gan Madeau Stewart at Nansi Richards, (24 Mehefin 1963). Trwy garedigrwydd AWC.

[34] Llythyr gan Marie Goossens at Nansi Richards, (Medi 1963). Trwy garedigrwydd AWC.

[35] Tâp 3183. Cyfweliad gyda Robin Gwyndaf. Trwy garedigrwydd AWC.

[36] Mewn darlith o'r enw 'Folk Song and the Supernatural' a draddodwyd ganddo ar gwrs penwythnos Cymdeithas Alawon Gwerin Cymru ym Mangor, 1964, ceir cyfeiriad at y wybodaeth a dderbyniodd gan Nansi Richards. Mae tâp o'r ddarlith ar gael yn AWC (Rhif 1069).

[37] Llythyr gan Peter Crossley-Holland at Nansi Richards, (20 Chwefror 1964). Trwy garedigrwydd Marged Jones.

[38] Llythyr gan Nansi Richards at Cassie Davies, (?30 Awst 1965). Llyfrgell Genedlaethol Cymru. Casgliad Cassie Davies 91-104, rhif 96.

[39] Llythyr gan Michael Halls (10 Stryd Downing) at Nansi Richards (3 Mai 1967). Trwy garedigrwydd Marged Jones.

[40] Llythyr gan Nansi Richards at Cassie a Neli Davies (1967). Llyfrgell Genedlaethol Cymru. Casgliad Cassie Davies 91-104, rhif 98.

[41] Llythyr gan Cledwyn Hughes at Nansi Richards, (10 Mehefin 1967). Trwy garedigrwydd Marged Jones.

[42] Llythyr gan Meuryn at Nansi Richards (12 Mehefin 1967). Trwy garedigrwydd Marged Jones.

[43] Llythyr gan Amy a T.H. Parry-Williams, (12 Mehefin 1967). Trwy garedigrwydd Marged Jones.

[44] Op. Cit., RICHARDS (1972) t. 78.

[45] Llythyr gan Nansi Richards at Cassie Davies, (21 Tachwedd 1967). Llyfrgell Genedlaethol Cymru. Casgliad Cassie Davies 91-104, rhif 99.

[46] Mr Emrys Williams mewn cyfweliad â'r awdur (11 Hydref 1988).

[47] Robin Huw Bowen a Mrs Catrin Puw Davies mewn cyfweliad â'r awdur. (5 Mai 1989, a 6 Mehefin 1989).

[48] Llythyr gan Kate Roberts at Nansi Richards, (11 Mawrth 1968). Trwy garedigrwydd Marged Jones.

[49] Llythyr gan John H. Lewis, un o gyfarwyddwyr Gwasg Gomer,

Llandysul at Nansi Richards, (21 Ebrill 1969). Trwy garedigrwydd Marged Jones.

[50] *Op. Cit.*, RICHARDS (1972) t. 11.

[51] Llythyr gan Cassie Davies at Nansi Richards, (11 Medi 1972). Trwy garedigrwydd Marged Jones.

[52] Llythyr gan Kate Roberts at Nansi Richards, (13 Tachwedd 1973). Trwy garedigrwydd Marged Jones.

[53] RICHARDS, Nansi: 'Nid o rym corff y cenir telyn' (*Byw*, Wynn Williams [Cyhoeddwyr] Cyf., Wrecsam), Hydref 1969, Cyfrol 1, Rhif 3, tt. 6-7.

[54] Llythyr gan W. J. Davies at Nansi Richards, (4 Chwefror 1970). Trwy garedigrwydd Marged Jones.

[55] *South Wales Echo*. Dydd Iau, 26 Gorffennaf 1973, mewn erthygl o'r enw 'Stroller' gan John Holliday.

[56] Llythyr gan Victor John (Pennaeth yr Adran Olygyddol) at Nansi Richards, (13 Medi 1973). Trwy garedigrwydd Marged Jones.

[57] Llythyr gan Victor John at Nansi Richards, (7 Mai 1974). Trwy garedigrwydd Marged Jones.

[58] *Radio Times (Welsh Edition)*. Dydd Sul, 15 Chwefror 1976. Cynhyrchydd – Richard Lewis.

[59] Llythyr gan Amy Parry-Williams at y Dr Meredydd Evans. (Dim dyddiad). Trwy garedigrwydd Meredydd Evans.

[60] Llythyr gan Iorwerth C. Peate at Merêd (8 Awst 1976). Trwy garedigrwydd Meredydd Evans – 'Merêd'.

[61] Mewn cyfres o doriadau papur newydd gan Mrs Rhiannon Jones. Dim mwy o fanylion.

[62] Llythyr gan Nansi Richards at Iona Trevor Jones. (26 Ebrill 1978). Trwy garedigrwydd Iona Trevor Jones.

[63] Rhiannon Jones, mewn llythyr at yr awdur (Hydref 1992).

[64] Mae'r ddwy gainc i'w clywed ar y record 'Celfyddyd Telynores Maldwyn' (The Decca Record Company Ltd, Llundain) 1973.

[65] EDWARDS, Trefor: 'Nansi fel cyfeilydd', *NANSI* Golygydd: Marged Jones. Gwasg Gomer, 1981, t. 93.

[66] Olive Pritchard, mewn cyfweliad â'r awdur (14 Mawrth 1989).

PENNOD V

Cysylltiad Nansi Richards Jones â'r sipsiwn

Un sy o fath Nansi fwyn
O fowld hen Sir Drefaldwyn
Mae hen nwyd y Romani
Swynddawn y Sipsi ynddi
Mae yn ei threm hoen ei thras
A'u heurddawn arni'n urddas.[1]

Ysgrifennwyd llawer dros y blynyddoedd am fywyd a diwylliant y sipsiwn ar Ynysoedd Prydain, yn enwedig drwy gyfrwng y *Journal of the Gypsy Lore Society*. Un nodwedd a ddaw'n amlwg drwy'r erthyglau hyn a'r llyfrau cyffredinol eraill sy'n ymdrin â'r testun yw fod diffyg gwybodaeth fanwl ar gael am natur a chrefft y sipsi cerddorol, yn enwedig yng Nghymru.

Un o brif ganolfannau'r Sipsiwn yn Nwyrain Ewrob am rai canrifoedd fu Hwngari. Mae prawf o'u bodolaeth i'w weld a'i glywed yno hyd heddiw fel rhai o brif ddeiliaid hen draddodiadau'r wlad. Hwy, yn anad neb arall yw cerddorion 'cyhoeddus' y trefi a'r dinasoedd, ac yn naturiol ddigon, hwy yw cynhalwyr pennaf yr hyn a elwir yn *cigányzene* (sef 'cerddoriaeth y Sipsi'). Cyfeiria'r term at gerddoriaeth 'boblogaidd' y cyfnod, ac mae gan y sipsi ddull pendant iawn o'i fynegi, a hynny gyda'r offerynnau sy'n nodweddiadol o'r ardal a'i thrigolion. Nid yw'r term *cigányzene* fodd bynnag yn gyfystyr â cherddoriaeth werin na thraddodiadol y Sipsi a phrin iawn yw'r achlysuron lle perfformir y gerddoriaeth werin honno yn gyhoeddus. Yn ôl Bálint Sárosi, awdur y llyfr *Gypsy Music*[2] deellir mai dim ond sipsiwn Wallachian sydd â nifer sylweddol o ganeuon gwerin yn eu meddiant na ellir eu canfod mewn unrhyw genedl arall. Perthyn sawl nodwedd i gerddoriaeth werin y sipsi Hwngaraidd, a gellir eu rhannu'n ddau brif faes:

(i) **Caneuon Araf:** Nodweddir y rhain gan ryddid rhythmig ac y mae llinell felodig ddisgynedig yn nodwedd weddol gyffredin. Ni cheir llawer o addurniadau yn y caneuon araf.

(ii) **Caneuon Dawns:** Fel arfer, mae'r rhythm yn gyson o safbwynt curiad ac fel yn y caneuon araf, mae'r alaw yn disgyn. Er fod testun yn bodoli ac iddynt eiriau synhwyrol, fe'u perfformir â sillafau diystyr fel petaent yn efelychu sain yr offerynnau. Gelwir y rhain yn 'ganeuon' dawns gan nad oes lle i offerynnau yng ngherddoriaeth werin y sipsi yn Hwngari. Defnyddir cerddoriaeth leisiol hyd yn oed wrth ddawnsio. Weithiau fe'u gwelir yn efelychu sain offerynnau gyda'u lleisiau.

Yr hyn sy'n hanfodol ac yn ddiddorol yw ei fod gan amlaf yn dwyn nodweddion cerddoriaeth werin y wlad neu'r ardal y trigant ynddi.

Y Delyn Deires yw'r offeryn a briodolir i Gymru, ac fe fabwysiadodd y sipsiwn Cymreig eu 'hofferyn cenedlaethol' gan lwyddo, ar sawl achlysur, i ragori ar y Cymry fel datgeiniaid. Drwy fabwysiadu offeryn traddodiadol byddai'n haws iddynt gael eu derbyn gan drigolion lleol ac yn dilyn hynny, ennill bywoliaeth deilwng fel cerddorion teithiol. Roedd y ffaith fod y delyn deires yn ysgafn ac yn gymharol rwydd i'w chludo yn nodwedd bwysig o'i haddasrwydd a'i defnyddioldeb fel offeryn:

Gwnaeth ef [Abram Wood] a'i feibion a'i wyrion yr hyn a wnaeth Sipsiwn mewn gwledydd eraill yn Ewrop, sef cymryd i'w dwylo offeryn cerdd y wlad lle gwnaethant eu cartref.[3]

... and once they had adopted the national instrument, they were everywhere welcomed.[4]

we encouraged our women to dance and our sons to become musicians so that we would be accepted by the locals ...[5]

Dyna fu'r hanes ym Mhen-y-bont-fawr hefyd. Derbyniwyd y sipsiwn â breichiau agored gan dad a thaid Nansi a chan Nansi ei hunan wrth gwrs ac er nad oedd ei mam yn ymfalchïo yng nghysylltiad y sipsiwn â'r dafarn er enghraifft, bu'n garedig iawn tuag atynt yn ystod ei hoes. Manyla Nansi am ei chysylltiad â hwy mewn un llythyr arbennig o'i heiddo.

I'm in a funny mood tonight here in front of a big fire in the old kitchen all by myself thinking of those that will never come back! It is here I learnt Gipsy dances and tunes of Romany; when mother was in Chapel [in the]

evenings, I got the Gipsies that were camping in our stack
yard around the fire, with a big bucket full of potatoes on
the fire for them to eat with their toasted Hedgehog. They
used to wrap it up in clay and throw it on the fire and
when it was done it would peel, its prickly coat coming
clean off and its inside out with it![6]

Roeddent hwythau, fel Nansi, yn barod iawn i rannu –
ond yn bwysicach fyth efallai, yn awyddus iawn i dderbyn.
O'r herwydd fe ddysgwyd nifer o geinciau ac alawon
Cymreig ganddynt, ynghyd â thraddodiadau ac arferion y
Cymry. Wedi'r dewis a'r dethol cyplyswyd yr agweddau
gorau o'r traddodiadau hyn gyda'u dull dihafal o
berfformio'r gerddoriaeth.

Yn ôl Jean-Paul Clébert yn ei gyfrol *The Gypsies*:

The Gypsies of Wales were the most faithful to old
traditions . . .[7]

ac mae'n debyg i hyn dynnu ar galon Nansi, gan iddi hithau
fyw bywyd o hybu a noddi digwyddiadau a thraddodiadau
oedd mor werthfawr iddi fel Cymraes. Meddai mewn un
llythyr:

Adeg Eist. Gen. Llanrwst fe gynigiais 3 am ddawns llofft
stabl (unigol). Nid oeddynt am ei derbyn am nad oedd y
fath beth yn addas neu'n perthyn i draddodiad yr Eistd!
Pan soniais am dynnu'r 3 yn ol a dweud na roiswn wobr
am ddim ond y ddawns llofft st., cytunwyd i gael y
gystadleuaeth nid yn y steddfod ond allan yn Play
Grownd yr ysgol! H. Wood enillodd! Dim angen dweud
hynny![8]

'H. Wood' oedd Hywel Wood y sipsi, a bu cysylltiad

agos rhyngddo ef a Nansi am flynyddoedd. Cyfrannodd y ddau at y ffilm 'Last Days of Dolwyn' (ffilm gyntaf Richard Burton) lle bu Hywel yn dawnsio dawns y glocsen, a Thelynores Maldwyn yn cyfeilio.⁹ Yn ogystal, ymgartrefodd Hywel a Manfri Wood (y ddau frawd) yn y Parc ger y Bala – cartref teulu Cecil, gŵr Nansi, a chartref perthnasau Nansi am flynyddoedd a'i chartref hithau hefyd, ddiwedd ei hoes.

Efallai mai prif gyfraniad Nansi i faes cerddoriaeth draddodiadol Cymru oedd diogelu'r delyn deires i'r dyfodol. Sylweddolai bwysigrwydd ei chyfraniad yn y modd yr aeth ati i hybu popeth oedd yn gysylltiedig â'r offeryn. Yn ei lyfr *John Roberts: Telynor Cymru*, cyfeiria Ernest Roberts nifer o sylwadau diddorol am John Roberts (un a briododd aelod o deulu'r sipsiwn) y gellid yn hawdd eu priodoli i Nansi:

> Yr oedd gan John Roberts gariad angerddol a pharhaol at y delyn Gymreig. Iddo ef, nid yn unig hi oedd gwir offeryn cenedlaethol y genedl yr oedd yn falch o'i alw ei hun yn wir fab iddi, ond hefyd yr oedd yn symbol parhaol o'r llinach hir a hen o feirdd a thelynorion lle'r etifeddodd ei gelfyddyd a'i ddawn . . . Trwy gydol ei oes yr oedd yn ymwybodol o ffynonellau hynafol ei grefft a'i gelfyddyd . . . Er nad oedd, efallai, yn ymwybodol o hynny, roedd ei gefnogaeth yn grwsâd mewn byd a oedd yn tueddu fwy a mwy i anghofio diwylliant y gorffennol.¹⁰

Traddodiad pwysig arall a ddiogelwyd gan y sipsiwn ac a feistrolwyd gan Nansi ei hun, oedd y dull o ganu'r delyn deires ar yr ysgwydd chwith. Mewn cyfweliad radio â Madeau Stewart yn 1959, clywyd y sgwrs ganlynol rhyngddynt sy'n dwyn sylwadau pendant i olau dydd – y ffaith i Nansi ddysgu rhai alawon dawns gan y sipsiwn; y ffaith eu bod yn teithio'n barhaol (y sipsiwn a Nansi fel'i gilydd); a'r ffaith bwysicaf efallai, eu bod yn cadw ac yn parhau'r traddodiad o ganu'r delyn deires ar yr ysgwydd chwith:

M.S.: Did the gypsies teach you?

N.R.: *Well they taught me the little dance tunes that I've given you.*

M.S.: And the gypsies carried their triple harps . . .

N.R.: *. . . on their backs, yes, they were so light, they were like baskets, so is this.*

M.S.: And they all played the triple harp?

N.R.: *Well, mostly, anything you could get hold of really, but they were all left-handed.*[12]

Sonia Nansi mewn erthygl yn *Allwedd y Tannau*[12] fel y canai'r sipsiwn unrhyw offeryn oedd ar gael, fel yn achos Cornelius Wood. Ffidil wedi'i wneud o focs pren dal siocled oedd gan hwnnw tra bod gan Mathew Wood ddull cywrain iawn o greu bwa i'w ffidil, a hynny drwy ddefnyddio brigyn onnen a blewyn o gynffon ceffyl gwedd!

Bu'r sipsiwn yr un mor dryw i draddodiadau'r Cymry â'r Cymry eu hunain.

Yn 1961, treuliodd Bálint Sárosi bythefnos yn nhŷ bwyta 'Ezer jo' ym Mharc Dinas Budapest (a hynny o ben bore tan yr hwyr). Yn y tŷ bwyta arbennig hwn, roedd saith sipsi yn chwarae mewn ensemble – darlun cwbl gyffredin yng ngwestai'r ddinas – a dyma lle gwelwyd y cerddor sipsi proffesiynol wrth ei waith.

Roedd gan y seindorf neu'r 'ensemble' (fel y disgwylid) arweinydd, a elwid yn *primás* a oedd yn 'virtuoso' ar y ffidil. Cerddor â chanddo glust dda oedd y *primás* a gallai addasu'r gerddoriaeth ar amrantiad i fodloni ei gynulleidfa.

Chwaraeai aelod arall o'r gerddorfa neu'r band glarinét – yntau yn gwybod sut i ddarllen cerddoriaeth ac yn eithriadol o fedrus wrth chwarae amrywiadau.

Tynnodd Bálint Sárosi sawl nodwedd amlwg o'u perfformiad dros y pythefnos a hawdd yw cymharu rhai o'i sylwadau gyda dull Nansi o 'delynori':

Yn gyntaf, dywed fod y sipsiwn gan amlaf, yn adnabod eu cynulleidfa yn dda. O ganlyniad, byddai un aelod o'r grŵp weithiau yn rhoddi winc ar gwsmer rheolaidd wrth iddo ddod i mewn trwy'r drws, a hyn er mwyn denu ei sylw. Petai dieithryn yn gwrando arnynt, ceisient ei ddwyn i hwyl drwy ddweud mân bethau ysgafn i ennyn ymateb. Yn wir, roeddent yn byw ar gynhesrwydd cynulleidfa. Yn yr un modd, cymeriad tebyg oedd Nansi wrth ddiddanu. Fel arfer, byddai'n lled gyfarwydd â rhai wynebau yn ei chynulleidfa – yn enwedig mewn noson lawen. Gwyddai'n union sut i apelio atynt, ac mewn cyngherddau mwy ffurfiol, gallai eto fod yn sensitif i ddymuniadau cynulleidfa:

Gair fel y fellten i ddweud imi gael Tusw o flodeu bendigedig o Oxford; i bwy wyf i sgwennu i ddiolch? Balm ar galon friw oeddynt gan na chysgais i nos na dydd byth ar ol bod yno oherwydd imi ddeall fod telynorion _____ yno, mae ___ yn ferbyn ac yn dweud nad wyf yn deall dim byd ond alawon Cymreig a mod i out of date! diolch imi ganfod fod nhw yno felly cefais siawns bach i brofi y gwyddwn i bethau y meistri mawr hefyd.[13]

Fedrai hi ddim peidio â chyhoeddi nad telynores draddodiadol yn unig oedd hi. Pan wyddai fod rhywun neu rywrai yn y gynulleidfa yn debygol o'i beirniadu, fe âi ati i ddewis darn uchelgeisiol gan roddi perfformiad ysbrydoledig a chaboledig ohono a fyddai'n sicr o beri syndod i'r gwrandäwr anniddig! Gallai addasu ei raglen ar amrantiad pe bai raid, i gyd-fynd â'i hamgylchiadau gan fod popeth yn ddiogel ar ei chof.

Nodwedd arall a drawodd Bálint Sárosi yn ei astudiaeth oedd fod y sipsiwn yn defnyddio triciau i ddenu'r llygaid a'r glust:

> . . . then come the various displays during the music-making: interchanging violin and bow, playing a cimbalom covered with a tablecloth, and making the double bass dance during a fast dance-song; and finally the utmost variety of jokes produced on the spur of the moment (for example, a disagreeable old spinster comes into the restaurant, at which there is a hideous screaming sound on the clarinet – as if the clarinettist had accidentally missed his note . . .)[14]

ac yn y *Journal of the Gypsy Lore Society*, ceir hanes un sipsi o'r enw Vidák:

> Vidák is certainly truer to the original folk type Gypsy playing than any of the others. He is the only one who possesses something of the demon in his playing . . . Vidák roars with laughter as he plays his fiddle upside down, or else between his knees, or else throws it up in the air, and balances it on the tip of his bow.[15]

Meddai Nansi ar y ddawn o ddenu'r llygaid a'r glust yn ogystal, ac mae'n debyg iddi gynnwys triciau o'r fath yn ei chyflwyniadau pan oedd hi'n diddanu yn y 'Music Halls' ac yn aelod o Gôr Telyn Eryri ac E.N.S.A. ('Entertainment National Service Association'). Yn eu plith, llwyddai:

113

(a) i ganu dwy delyn ar unwaith (un o boptu iddi)
(b) i ganu'r delyn â'i chefn ati
(c) i ganu dwy alaw wahanol ar yr un pryd – er enghraifft, Llwyn Onn gydag un llaw a Chader Idris â'r llall; Wyres Megan a Merch Megan; Cilroe a Chainc y Datgeiniad; Pwt ar y Bys a Phibddawns Gwŷr Wrecsam.
(ch) i wau papur punt rhwng tannau bas y delyn er mwyn cyfleu sain dawns y glocsen – gan greu'r argraff fod telynor a dawnsiwr yn cyd-berfformio.[16]

Roedd y Sipsiwn hefyd, yn ymwybodol iawn o'u hedrychiad a'u glendid gyda'r lliw coch yn nodweddu eu gwisg. Gwyn yw un o'r lliwiau sy'n ein hatgoffa o Nansi – byddai coler a thorch llawes wen, lân ganddi bob tro. Lliwiai ei gwallt rhag iddo wynnu a gofalai fod yn dwt ei gwisg ar bob achlysur. Er hynny, roedd yn gas ganddi gael tynnu ei llun gan na fyddai byth yn fodlon ar y gwrthrych! Ffaith arall a nododd Bálint Sárosi oedd fod y sipsiwn bob tro'n chwarae eu cerddoriaeth gyhoeddus o'r glust ac nid o gopi. Mae'n beth cyffredin bellach i sipsi allu darllen a dysgu cerddoriaeth o ffynonellau cyhoeddedig, ond ni welir hwynt yn perfformio'r darnau hyn hyd nes y bydd y gwaith yn ddiogel ar y cof ganddynt. Tuedda'r sipsi pur gan amlaf fod â chywilydd o gerddoriaeth brintiedig oherwydd collir yr elfen fyrfyfyr, ysbrydoledig sy'n rhan mor annatod o'r perfformiad. Mae'r defnydd o gerddoriaeth brintiedig yn faen tramgwydd rhwng cynulleidfa a pherfformiwr a gwaherddir unrhyw deimlad o agosrwydd sy'n gymorth i'r sipsi i godi hwyl. Sylwodd Alex Russell ar:

the amazing power of rapid absorption these men possess.[17]

ynghyd â'u gallu arbennig i ddynwared eu hathrawon yn feistrolgar:

They learn by ear and by watching carefully the fingers of their elders who possess the tradition . . .[18]

O'r glust y dysgodd Nansi hithau yr holl alawon a gafodd gan Tom Lloyd, ei hathro, a gwyddai dros ddau gant ohonynt ar ei chof. Er y gallai Tom Lloyd, 'Telynor Ceiriog', a Nansi ddarllen cerddoriaeth, tybiai ei hathro mai da o beth fyddai iddi ddysgu'r alawon o'r glust gan y byddai'n haws iddi eu trawsgyweirio yn ôl y gofyn o'u dysgu felly. Ni allai un o gyfeillion na disgyblion Nansi dystio iddynt eu gweld yn chwarae cerddoriaeth i'r cyhoedd o gopi[19] ac oherwydd hyn gallai ymateb i chwaeth cynulleidfa yn ddiymdroi ac addasu'r gerddoriaeth yn ôl y gofyn. Dyna yn sicr gyfrinach ei llwyddiant.

Er fod llawer wedi canmol – a beirniadu – *repertoire* y sipsiwn, nid yw'r sipsi ei hun yn rhoi llawer o bwys arno. Nid yr hyn a genir ganddo sy'n bwysig ond yn hytrach sut y'i perfformir. Mae alawon dawns yn nodweddiadol o'r sipsiwn, a cheir sawl enghraifft yn *repertoire* Nansi ei hun – y rhan fwyaf yn rhai a drosglwyddwyd iddi gan y sipsiwn. Mae ei dull o'u canu yn debyg iawn – yn ysgafn, er yn heriol a chyflym. Clywodd Nansi un alaw[20] o'r enw 'Roberts's Breakdown Hornpipe' gan Llywelyn Roberts (hen delynor) yn nhridegau'r ganrif hon ac mae'n debyg iawn i'r hyn dybiwn ni oedd dull y sipsiwn o ganu'r delyn. Mae'n ddarn bywiog ysgafn, ac yn waith sy'n ein hatgoffa o ddawns tylwythen deg (gan gofio fod Nansi, fel y sipsiwn, yn credu'n gryf ym myd hud a lledrith).

Pan fyddai aelod o deulu'r sipsiwn yn canu cyfres o amrywiadau ar thema benodol, byddai pob un ohonynt yn berchen ar amrywiadau unigryw o'u heiddo'u hunain, a phob cerddor â fersiwn wahanol wedi'i baratoi'n ofalus. Y rheswm pennaf am hyn wrth gwrs yw eu bod yn dibynnu cymaint ar y traddodiad llafar, ac fe welwn olion cryf o'r traddodiad hwn yn *repertoire* Nansi. Fe ddysgodd lawer o themâu ac amrywiadau yn ei dydd ac fe greodd hithau amrywiadau ar nifer o geinciau cyfarwydd ac anghyfarwydd e.e. 'Cainc Dafydd Broffwyd', 'Clychau Aberdyfi', 'Dŵr Glân', ac yn y blaen. Creodd amrywiadau ar alawon amrywiol o eiddo cerddorion eraill hefyd – rhai fel Edward Jones, 'Bardd y Brenin' ac mae yna elfen bersonol iawn yn perthyn i'r amrywiadau hyn gan fod y newid a'r datblygu parhaol yn gymaint rhan o'r traddodiad llafar.

Sylwodd Bálint Sárosi fod *repertoire* y sipsi yn amrywio neu'n hytrach yn 'gorfod' amrywio yn unol â dymuniad cynulleidfa gan fod y sipsi yn ymateb i gynhesrwydd ei wrandawyr. Yn ei ymchwil, profodd Sárosi amrywiaeth o gerddoriaeth yn y tŷ bwyta – operâu a darnau gan Liszt a Strauss, cerddoriaeth fodern Hwngaraidd a cherddoriaeth ddawns ryngwladol; darnau poblogaidd y cyfnod a chaneuon gwerin y sipsi (cofier bod nifer wedi'u casglu erbyn y cyfnod hwn) ac yn y blaen. Roedd repertoire eang iawn ganddynt. Yn yr un modd, byddai Nansi'n cyfeilio i'r unawdau mawr (e.e. *Gymru Fach, O na byddai'n Haf o hyd*); canai ddarnau clasurol ar gyfer y delyn gan gyfansoddwyr fel Tournier, Mayer, Conninck, ynghyd â threfniannau cyfarwydd y Cymry – gweithiau gan John Thomas 'Pencerdd Gwalia' er enghraifft. Afraid yw dweud iddi drefnu ac addasu dwsinau o geinciau ac alawon traddodiadol ar gyfer y delyn, a'u canu â'r fath angerdd fel nad oedd posib ei hanwybyddu.

Yng Nghyfrol 43 o'r *Journal of the Gypsy Lore Society*, ceir y geiriau canlynol:

The essence of the Gypsy style in music is derived from those two especially Gypsy traits – love of freedom and admiration for individual show.[21]

Efallai na ellir cysoni'r *ddwy* agwedd hon yng nghyddestun Nansi fel perfformwraig ond fe ellir dweud yn gwbl ddiduedd ei bod yn caru rhyddid ac efallai i hyn ddylanwadu ar ei dull hi o ganu'r delyn gan ei fod yn rhan mor naturiol o'i phersonoliaeth. Mynegodd y gerddoriaeth gydag agwedd 'ffwrdd â hi' – fu'n elfen atyniadol arall o'i chymeriad. Nid oedd i bob pwrpas, yn un am wneud sioe fawr – yn hytrach, dynes ostyngedig, foneddigaidd[22] ydoedd o flaen dieithriaid.

Cryfheir y cysylltiad rhwng Nansi a'r sipsiwn yn y ffaith eu bod ill dau yn credu mewn tylwyth teg a byd hud a lledrith. Dywedodd Gwyn Erfyl yn y rhaglen deledu 'Bywyd' fod:

Aflonyddwch y Sipsi ac ysgafnder dihennydd y tylwyth teg . . .[23]

yn perthyn i Nansi, sydd yn cyplysu'r ddwy elfen hon o'i chymeriad yn effeithiol. Bu Nansi'n llythyra â Madeau Stewart ynglŷn â'i phrofiad o'r tylwyth teg:

Many interesting things have happened since I wrote you last; I can only just mention some of them; Mansel T + Peter C. Holland spent a day here with me a short while ago, and 'That was the day that was', indeed, Peter C. Holland asked me if I had ever heard or seen Fairies. also fairy music, after he had left; I recalled hearing music like distant voices singing at Hafod y Porth Beddgelert (a sheep farm where I lived) I thought perhaps that it was the wind softly playing tunes on the

ribs of a rugged rock near by! a well known Pianist,
accompanist for 15 years at the Lewis's Eisteddfod (she
was Gwladys Hughes she passed away sometime ago),
she came to our bedroom in the middle of the night +
would not go back to bed because she could hear singing!
well I frequently heard it, sweet soft sustained choral
music far far away! and a few times we saw lights in one
of the fields, + several times I watched Cecil go down the
field trying to find it but could not see anything, nor hear
+ yet it was still there! I could see it and hear it all the
time from my bedroom window + imagined I could see
Cecil's shadow mingling with the light! Well that's that![24]

Dyma oedd yr ymateb a dderbyniodd gan Madeau Stewart:

First of all, all the information you gave me about
FAIRIES was very interesting. I tried to get hold of Peter
Crossley Holland to tell him, but he seems to have
vanished. He has not yet gone to Germany, but I
imagine he must be around somewhere – unless of
course the Fairies have whisked him away because he
asked so many indiscreet questions about them! This
surely can happen?[25]

Ceir dyfyniad diddorol am natur y sipsiwn yng nghyfrol Y
Sipsiwn Cymreig:

Pobl o darddiad dwyreiniol ydynt, yn gymysgfa o hen
ddoethineb a phlentynrwydd, ac y mae rhagor nag un
o'r awdurdodau arnynt o'r farn eu bod yn aros yn blant
ar hyd eu hoes . . .[26]

Cafwyd yr un priodoleddau yn Nansi hefyd. Roedd
cymysgfa o ddoethineb a phlentynrwydd yn perthyn i'w

chymeriad enigmatig. Wrth iddi heneiddio, aeth hi ddim yn 'hen' gan fod natur y plentyn diniwed yn gymaint rhan o'i chymeriad.

Tebygrwydd arall rhwng Nansi a'r sipsiwn oedd eu cariad at deithio. Yn wir, llwyddodd Nansi i deithio cymaint a chystal ag unrhyw Romani! Bu'n:

. . . crwydro bro a bryn
Ei thalaith efo'i thelyn.[27]

yn ôl W. D. Williams ac yn yr un modd mae'n ddiddorol sylwi ar yr hyn ddywed John Roberts, Telynor Cymru am nodweddion telynor o Gymro:

Dylai telynor gwir Gymreig (un a gâr ei wlad) fod yn hyddysg yn hanes ei wlad ac yn gwybod am ei mynyddoedd a'i dyffrynnoedd, ei chlogwyni, ei hafonydd, ei chymoedd a'i glynnoedd.[28]

Roedd gwybodaeth Nansi o dir a daear Cymru yn eang a cheir hanesion amdani'n teithio o un man i'r llall ac yn adrodd hanes rhyw garreg neu faen, mynydd neu afon, pentref neu dref. Mewn un llythyr o'i heiddo, cynigia esboniad ar yr enw Malvern:

. . . Dywed Edward Jones Bardd y Brenin mai Moel y Farn ac nid 'Moel Fryn'! yw Malvern, yno ar ben y Foel In early times, the Druids were the only legislators and their courts of Judicatère were called Gorseddau which were situated on the next conspicuous eminence on the open air, where causes were tried and judgement pronounced one of those places still retains the name Moel y Farn the Hill of Judgement the mountain above Malvern Wells in Worcestershire.[29]

Roedd balchder mawr ganddi tuag at ei gwlad, ei dyffrynnoedd a'i mynyddoedd ac oherwydd ei bod wedi teithio cymaint, yn arbennig ar hyd ffyrdd yr hen sipsiwn, teimlai ryw agosrwydd atynt, cymaint ar adegau fel yr hawliai ei bod yn perthyn iddynt. Soniodd mewn un llythyr am y posibilrwydd o berthyn 'go iawn' i deulu'r sipsiwn:

Wel y peth pwysicaf sydd gennyf i'w ddweud wrthyt yw y byddaf yn dy frid 'go iawn' gyda hyn! Mae merch i'th berthnasau yn Llanwddyn, Wood yw ei thaid ac yn ddawnsiwr a thelynor! Fe awn i'w gweled pan ddowch yma y Pasg; wel mae hi yn engaged i nai _____ Cae Canol![30]

ac mewn llythyr arall, mynegodd ei balchder ei bod hithau a'r Sipsiwn yn meddu ar y fath gysylltiadau Cymreig:

Mae'r llun wedi ei bostio ddoe i Joan Rimmer gyda cutting hir a gefais rhywdro yn y D. Post am deulu hen delynorion y Woods a'r Roberts's, rwyf wedi gofyn am hwnnw yn ol! Pwy bynnag a'i sgwennodd roedd o yn Artist [-] yr hanes yn ddeniadol dros ben teimlais yn 'Prowd' chwedl y Sais mai Cymru a Romany's ydynt. dywed y cutting mai Sarah oedd enw'r ferch a ddenodd Roberts y ffermwr, hefyd Wm Wood ac nid Jeremiah Wood oedd enw tad yng nghyfraith dy hendaid Telynor Cymru! ond mae llun Jeremiah yn C. Dannau.[31]

Roedd ei gwybodaeth am deulu Abram Wood a John Roberts yn syfrdanol ar un wedd ond o gofio iddi gael ei magu bron iawn ochr yn ochr â'r sipsiwn, nid yw hyn yn syndod. Roedd Nansi yn gymaint sipsi o ran anian â'r sipsiwn eu hunain – yn ymhyfrydu yn y math o fywyd yr oeddent yn ei gynnal ac yn ei gynrychioli, ac yn dymuno bod yn rhan o'r bywyd hwnnw. Manyla Nansi'n aml ar dâp am y ffordd y dysgodd gerddoriaeth dawns ac alawon Romani y sipsiwn Cymreig:

I heard the Wrexham Hornpipe about 40yrs ago played on the harp by David Wood, one of the Woods – a strolling musician. And he had a family camping in our stack yard at home and in this stack yard at meal times, they often ate hedgehogs and many times I had a piece of hedgehog with him and this is one of their favourites – an old tune called the Wrexham Hornpipe[32]

Oni bai am ddoethineb Nansi Richards yn trosglwyddo rhai o alawon a cheinciau telyn Cymru i'w disgyblion, mae'n siŵr y byddai cryn gyfoeth cerddorol wedi mynd yn angof. Mae'n dyled iddi'n fawr. Yn ôl Joan Rimmer:

a good deal of Welsh song and dance was preserved by gypsies . . .[33]

ac o'u trosglwyddo i Delynores Maldwyn sicrhawyd dyfodol ar gyfer llawer o hen alawon traddodiadol ein gwlad.

I ddiweddu, disgrifiodd Nansi yn ei herthygl yn *Allwedd y Tannau* y cysylltiad clos fu'n bodoli rhyngddi a'r sipsiwn:

Rhoddodd fy mam lawer o fwyd a dillad iddynt, a chawsent fynd gyda ni i'r Band of Hope, ac i'r capel ar y Sul. Iddynt hwy rhoddwyd hen gadair siglo ein teulu ni. Os cafodd Ceiriog ac amryw ohonom ein siglo i gysgu ynddi, cafodd teulu Alabeina, ac Abram Wood eu siglo hefyd, a chaf finnau fel hwy gysgu lle mynno Duw.[34]

¹ Rhan o'r Cywydd Teyrnged a gyfansoddwyd i Nansi Richards gan W. D. Williams, ac fe'i cyflwynwyd iddi mewn Cyfarfod Teyrnged Cenedlaethol ym Mhafiliwn Corwen, 18 Medi 1976. Yn dilyn y cyfarfod arbennig hwn, agorwyd cronfa i sefydlu 'Ysgoloriaeth Nansi Richards' i rai 'sy'n dymuno derbyn hyfforddiant ar y delyn.'

² SÁROSI, Bálint: *Gypsy Music* (Corvina Press, Hwngari, 1978) t. 24.

³ ROBERTS, Ernest E.: *John Roberts: Telynor Cymru.* (Trosiad i'r Gymraeg gan Selyf Roberts (Gwasg Gee, Dinbych, 1978) t. 26.

⁴ SAMPSON, Dr John: 'The Wood Family, Part 2', *Journal of the Gypsy Lore Society* (Edinburgh University Press, 1932), y 3edd Gyfres, Cyfrol 11, rhif 2, t. 61.

⁵ Rhaglen Deledu: 'World About Us': *The Gypsy Trail*, BBC (1981).

⁶ Llythyr gan Nansi Richards at Maria Rowland (8 Hydref 1964). Trwy garedigrwydd Joan Rimmer.

⁷ CLÉBERT, Jean-Paul: *The Gypsies* (Cyfieithwyd gan Charles Duff) (Vista Books, Llundain, 1963) t. 80.

⁸ Llythyr gan Nansi Richards at Huw Williams (dim dyddiad). Trwy garedigrwydd Llyfrgell Genedlaethol Cymru. Yn ei lyfr *Cwpwrdd Nansi* (Gwasg Gomer, Llandysul, 1972) t. 83, dywed Nansi mai:
   Caradog Puw y Bala gafodd y wobr gyntaf, a Hywel Wood yr ail.
Mae'n amlwg bod peth dryswch yn rhywle.

⁹ RICHARDS, Nansi, *Cwpwrdd Nansi* (Gwasg Gomer, Llandysul, 1972) t. 75-6.

¹⁰ *Op. Cit.*, ROBERTS, Ernest E., (1978) t. 76-77.

¹¹ Rhaglen Radio gyda Madeau Stewart a Nansi Richards (BBC), 17 Tachwedd 1959.

¹² RICHARDS, Nansi (Telynores Maldwyn): 'Mae o yn y Gwaed', *Allwedd y Tannau* (Cylchgrawn Cymdeithas Cerdd Dant Cymru, Dinbych, 1956) Rhif 15, tt. 18-20.

¹³ Llythyr gan Nansi Richards at Meinir Burden (dim dyddiad).

¹⁴ *Op. Cit.*, SÁROSI, Bálint (1978) t. 241.

¹⁵ STARKIE, Walter: 'Hungarian Gypsy Fiddlers'. *Journal of the Gypsy Lore Society* (Edinburgh University Press, 1937), y 3edd Gyfres, Cyfrol 16, Rhan 3, t. 104.

¹⁶ Sylw (a) – (c): Rhaglen Radio gyda Madeau Stewart a Nansi Richards (BBC), 17 Tachwedd 1959.
Sylw (ch): Gwyndaf Roberts mewn cyfweliad â'r awdur (1/12/88).

¹⁷ RUSSELL, Alex: 'Gypsy Music' (Notes and Queries) *Journal of the Gypsy Lore Society* (Edinburgh University Press, 1914), Cyfres Newydd, Cyfrol 7, rhan 4, t. 322.

¹⁸ *Op. Cit.*, STARKIE, Walter (1937) t. 102.

¹⁹ Holodd yr awdur dros 90 o bobl yng Nghymru a Lloegr rhwng Gaeaf 1988-1989 a Gaeaf 1989-90 a chasglu deunydd am Nansi Richards 'Telynores Maldwyn'.

²⁰ Tâp *Harps and Hornpipes: traditions of the Welsh Romanies*, (Folktracks, 1975).

²¹ WADE, R.A.R.: 'Gypsy Musicians on Record' *Journal of the Gypsy*

Lore Society (Edinburgh University Press, 1964) y 3edd Gyfres, Cyfrol 43, Rhif 1-2, Ionawr-Ebrill 1964, t. 51.

[22] Un o ddywediadau Nansi yn ôl Robin Huw Bowen (a holwyd 5/5/89) oedd *'I fod yn fawr mae'n rhaid bod yn fach'.*

[23] Rhaglen Deledu 'Bywyd' Gwyn Erfyl (1979): Rhaglen Deyrnged i Nansi Richards, (HTV – Archif ffilmiau, Llyfrgell Genedlaethol Cymru, Aberystwyth).

[24] Llythyr gan Lily Comerford at Nansi Richards, (12 Mai 1962). Trwy garedigrwydd Marged Jones.

[25] Llythyr gan Madeau Stewart at Joan Rimmer (dim dyddiad). Trwy garedigrwydd Marged Jones.

[26] JARMAN, Eldra ac A.O.H.: *Y Sipsiwn Cymreig* (Gwasg Prifysgol Cymru, Caerdydd, 1979) t. 1.

[27] Rhan o'r Cywydd Teyrnged i Nansi Richards, Telynores Maldwyn gyfansoddwyd gan W. D. Williams.

[28] *Op. Cit.*, ROBERTS, Ernest E. (1978) t. 67.

[29] Llythyr gan Nansi Richards at Mr Roberts (18 Awst 1959). Trwy garedigrwydd Gwenfron Barrett.

[30] Llythyr gan Nansi Richards at Eldra Jarman (dim dyddiad).

[31] Llythyr gan Nansi Richards at Eldra Jarman (dim dyddiad).

[32] Tâp *Harps & Hornpipes: traditions of the Welsh Romanies* (Folktracks, 1975).

[33] RIMMER, Joan: 'Telynores Maldwyn: Nansi Richards, a Welsh harpist, 1888-1979' *Studia Instrumentorum Musicae Popularis*, (Stockholm, 1981), Cyfrol VII.

[34] *Op. Cit.*, RICHARDS, Nansi (1956), tt. 20.

PENNOD VI

Nansi'r Llythyrwr

'Rwy'n hên, hŷll am pen fel 'Injan Lifio'[1]

. . . os oes coel ar dransformation, Ffuret fyddai'n y bŷd nesaf![2]

. . . rwyf wedi cael over haul efo dillad ac yn ffit i baredio fel Spring Chicken ar ol im troed fendio[3]

Mae crwydro yn fy ngwaed ond nid yw'm llaw yn iawn o lawer, ar ganol chware mi aiff 'out of action' yn sydyn fel hen gar yn rhedeg allan o betrol ar ganol rhiw![4]

Dyma fi adre ers neithiwr, . . . ar peth cynta' nes i ar ol dod ir tŷ oedd eistedd ar fy spectol ddarllen! taswn i'n eistedd arni am flwyddyn fedrwn i ddim deor ar un arall![5]

Cyfrannodd llythyrau a dogfennau personol o eiddo cerddorion yn eithriadol at ein dealltwriaeth o'u crefft a'n hadnabyddiaeth ohonynt fel cymeriadau. Trwy gyfrwng llythyrau a dogfennau o'r fath daeth yr awdur i wybod llawer mwy am Nansi Richards 'Telynores Maldwyn'. Maent yn werthfawr am eu bod yn darlunio cymeriad y wraig hynod hon mewn modd cwbl real a phersonol. Ynddynt, gwelir ei hiwmor diniwed a'i gafael meistrolgar ar iaith lafar Dyffryn Tanat yn ogystal â'r iaith fain. Ynddynt hefyd ceir cipolwg trawiadol, brysiog ar dros hanner can mlynedd o'i bywyd a'i gwaith, a'i dygnwch yn hybu'r delyn 'Gymreig' a thraddodiadau'r Cymry. Yn ei llythyrau at Joan Rimmer (cerddoregwr), Madeau Stewart (BBC), a Maria Rowlands (telynores broffesiynol) y gwelir hyn gan amlaf. Teimlir y tristwch a'r siom a brofodd Nansi o sylweddoli nad oedd y Cymry yn llawn werthfawrogi eu traddodiadau. Yn ei geiriau hi ei hun:

I'm very sorry that Wales is losing its traditional harp + harpists[6]

Thank you very much . . . for the interest you are taking in our music + instruments, a word of praise from you would shift mountains in Wales! our musicians + schools have done next to nothing about the back ground of Welsh music.[7]

Wrth ysgrifennu at Delynores Eirian, cyn-ddisgybl iddi, dywed Nansi:

'*. . . mi wnaf fy ngore i gwrdd Korchinska, Goosens, ac eraill ar y 15 i geisio cael pethau Cymru ir Coleg mae'n ddyletswydd arnaf wneud am eu bod yn llawn deilwng o'u lle!*'[8]

'Pethau Cymru' i Nansi oedd casgliadau a threfniannau John Parry 'Rhiwabon' ac Edward Jones, 'Bardd y Brenin'.

Dyma wreiddiau'r traddodiad a frwydrai Nansi mor galed i'w gadw'n fyw. Dywed eto yn yr un llythyr:

> *... i af i Kings X Llundain ar y 15 or mis nesaf i brofi hynny maen bryd rhoi J Parry a phethau Gwlad y Delyn ar y map ogystal a phethe Frengig! does dim posib stwffio hynny i bennau crach Gerddorion!*[9]

Doedd wiw i neb anghytuno â Nansi ynghylch cyfoeth cerddoriaeth Cymru, neu yn wir ar unrhyw bwnc dan haul oherwydd pan benderfynai unrhyw beth, yna glynai ato fel gelen. Er enghraifft, nid oedd modd ei darbwyllo nad o Gymru y tarddodd y delyn deires[10], heb ei chythruddo'n lân:

> *I'll chance grabbing opportunities by the tail or fringe just to prove that the triple harp is Welsh, ...*[11]

> *... neu mi fuase gennyf fôdd i fagu digon o gryfder i ddymchwel troliau y gwybodusion ma sy'n tystio mai o'r Idal y daeth y deires i Gymry!*[12]

a phe bai rhywun yn meiddio awgrymu mai cyfyng oedd adnoddau'r deires, yna profai'r gwrthwyneb iddynt ar amrantiad.

> *One silly Almighty Harpist noted for cheek + blowing her own trumpet tried to contradict the possibilities of the Triple ...*[13]

Pan ddeuai Nansi i ganu'r delyn a hithau mewn tymer ddrwg yna ni allai neb ragori arni – roedd rhyw dân ac ysbrydoliaeth wyllt yn ei gyrru yn ei blaen ar adegau felly a chanai'r delyn ag arddeliad a brwdfrydedd ysgubol ac anodd fyddai anghofio perfformiad o'r fath. Yn wir, dangosodd i Gymru benbaladr natur ei hathrylith a'i dawn drwy gyfrwng ei pherfformiadau.

> *... two generations of harpists + musicians have risen in Wales since I played best, with Mansel T + Arwel Hughes, I remember Arwel singing at an Eisteddfod with a 'whistle in his little suit pocket' + a round sailor cap with H.M.S. something on it! I was then in my Glory, + sometimes some one would shout in an audience (let it rip Nansi! for I played pretty cheap music + indeed enjoyed it + always played to the Gallery first + for encores something a bit better to make sure of success!*[14]

Roedd Nansi'n adnabod ei chynulleidfa a phan ddeuai sain y nodyn cyntaf o'r delyn, swynid hwy ganddi a hoeliwyd eu sylw arni trwy gydol y perfformiad. Gallai Nansi addasu ei hadnoddau cerddorol yn briodol ar gyfer amgylchiadau arbennig. Petai'n canu'r delyn mewn ysgol, capel, noson lawen, neu o flaen y teulu brenhinol, gallai newid ei rhaglen gyngherddol ar y funud olaf pe bai raid am fod ei repertoire mor ddiogel ar ei chof ond roedd ei naturioldeb a'i hathrylith yn parhau lle bynnag yr âi:

> *I've been a non-stop player since 1912 at all things big + small even twice to Royalty + Command at that! no one believed me that the triple was worth anything.*[15]

> *Ces 29ain o lythyre wedi eu paentio gan blant 7 oed ryw ysgol yn Lutterworth bwndel ohonynt + (wedi gweld ryw Sioe ar y T.V.) Miss Jones yw ei hathrawes does gennyf ddim syniad pwy yw ond chwarae teg iddi ynte . . .*[16]

> *. . . I appeared at the Investiture of Prince Ed! As I entered, his dog Corgi tore my best frock + I hadn't another to wear so in one half of the prog I wore a Welsh*

127

*Costume at the request of her Majesty Queen Mary! It
was altogether a 'Command Performance'. Never would
I accept another I said to myself I felt so nervous!
Couldn't swallow my spittle! mouth as dry as a cork my
little heart weighing only 9 ounces carried a ton of
anxiety + fear but several times after I have played to
Royalties on different occasions these were not of Royal
Command but Welsh Ones! Prince Phillip I adore! a real
happy + jolly joker! like Prince Edward.*[17]

Yn ogystal â pherfformiadau fel y rhain, sonia Nansi am ei
phrofiadau'n canu'r delyn gyda Chôr Telyn Eryri, a'i
llwyddiant yn diddanu cannoedd o filwyr ar ei theithiau
gyda chwmni E.N.S.A. (Entertainment National Service
Association) yn ystod yr Ail Ryfel Byd. Ceir un llythyr sy'n
gyforiog o wybodaeth am y cyfnod hwnnw a chyfnod
cynnar ei bywyd. Pwy allai adrodd ei hanes yn well ac yn
llawnach na hi ei hun?

*Once I played classics harp + Organ duetts + etc, but
owing to the demand for Folk music + etc, all over the
country for many years I did not keep anything really
good going, now its too late to 'pull up' with damaged
fingers + heart! tho' I did 2 years on ENSA + 2,300 with
a Welsh party all over North + South! accomps for songs,
38 of them off by heart I got too tired, having quite a big
sheep farm + four men to feed, leaving the house 3-30
every day for 9 years, returning early hours of the
morning to put the Churn going for butter making, give
the men their breakfast then bed for a few hours,
afterwards dinner at 12, wash up, set tea + supper ready
for them believe me tho' its hardly believable I did it
every day! . . . all this was done after I returned from
touring U.S.A., + different Islands, Scotland, Ireland I.O.*

Man + Bermuda + at last a Wedding ring! with the thoughts of retiring + putting my feet on top of the hob for the rest of my life! instead it got worse!![18]

Cydnabyddir dawn Nansi fel perfformiwr ond nid anaml y gwelir cyfeiriadau ati fel bardd, neu brydydd:

> *. . . rwyf fine licio prydyddu mae gwahaniaeth rhwng prydydd a bardd wyddost . . . coelia fi, mae gan fardd hawl i ramantu.*

> *Mae'r Nadolig wedi dod*
> *I ganu clod y Geni,*
> *Cawn weld drwy Ddwyfol Auraidd Byrth*
> *Nefolaidd Wyrth Coroni.*
> *Llon Gyfarchiadau i Joseph a Mair*
> *Fel hyn mewn Gair eleni.*

> *Wedi diflasu ar ganu am Seren a Doethion! Wnaiff hyn y tro yn lle cardie?*[20]

Canmil gwell na chardiau mae'n debyg. Gwelir gonestrwydd amlwg yn ei gwaith (fel y'i gwelir yng ngwaith pob bardd gwerth ei halen) ac yng nghynildeb ei cherddi, gwelwn un nodwedd arall o'i chymeriad sef yr ochr ddiffwdan a oedd yn rhan mor annatod o'i phersonoliaeth. Ebe Nansi amdani'i hun:

> *Anti Nansi ddi Nonsense ddigwylidd ddiddrwg ddidda ai phen yn gam a chalon fel Bwcied.*[21]

Pwy ddywedai well!

Yn ogystal â phrydyddu, roedd ganddi'r ddawn hefyd i lunio portread cywir o unigolion a hynny drwy gyfrwng ei llythyrau. Dyma'r hyn ddywed Nansi wrthym am John Thomas, 'Pencerdd Gwalia':

J. Thomas did not adjudicate me at the Natnl. Eistd Albert Hall 1909 but after I played Sweet Richard + Cader Idris both with lots of variations, one in A the other in D without the aid of a tuning key, he shouted from the Box Seat above me 'Bravo little girl' I heard it distinctly! + he said to the one sitting next to him (Mr J. E. Elking, [Silversmith]) that he never believed it to be possible to play that way + that two harpers on two harps were needed + etc. J. Thomas left his Library to his last + favourite pupil Miss Belleby + she left it to Mrs Gwyn Davies Old Colwyn, when I shall reach home on the 4th I'll find her address for you I think she could tell you a lot. My old teacher Tom Lloyd told me that J.T. was vain + proud + that at the Caernarfon Natnl Eisteddfod, he sat right over his music stool + fell sprawling on the stage, harp + all! midst roars of unceasing laughter, he took it so much to heart + would not appear again that evening. The piece The Minstrels Adieu to his native Land was composed by him for his brother Ap Thomas when Ap Thomas left this country for USA where he died. T. Lloyd also told me that J.T. once sold papers + matches in the street at Pont y Pridd (when a child, sometimes I doubt that).[22]

Llwyddodd i gadw sawl hanesyn a stori ddifyr drwy gyfrwng ei chof ardderchog:

You asked me to find out things out about the Spring S.B. (Soundboard) Harp! I have found another! these were made in Llanofer Court South Wales, where Lady Lanofer kept domestic harpers + etc. one of the Llanofer harpists' picture is in Nicholas Bennett's Collection of

Welsh Airs he is in Welsh Kilts! the Second Lady Lanofer was an English lady who married Sir Benjamin Hall Lanofer after whom Big Ben was named.[23]

What a match + fuse you've put in the Welsh harp world, before this, all harpists said I was 'coddling' + loosing time trying to revive it let them all realise + remember another English lady's enthusiasm, she was the late Augusta Hall, known to us all as 'Gwenynen Gwent' meaning The Bee of Gwent she was the wife of Sir Benjamin Hall of Llanofer . . .[24]

Am Edward Jones, 'Bardd y Brenin' dywed:

if + when she [Joan Rimmer] comes here she will visit Ed Jones's old home, the accounts of the Eisteddfod held there that lasted usually two days is interesting, Ed Jones then a boy of 12, shy won the chief harp playing competition + his father for that made him a new swell harp which was brought to St Ffagan by Cecils cousin a Jones from Llandderfel and Capt Williams, all the way from Patagonia after it had been sunk in a ship wreck on its way back or on its way to P Gonia the story is correct + easy prove + etc, but I am not too sure of it.[25]

Mewn sawl llythyr o'i heiddo, gwelir ymdrechion ganddi i esbonio enwau lleoedd. Mewn un yn arbennig, manyla ar yr enw Pontrhydgarregog:

Hefo teulu o Gelli Ifor ger Dinbych neu Ruthun y daethum adre o Gaerdydd, fe'i holais am Bontrhydgarregog dwedent fod yno bont felly yn ymyl ond ni wyddent yn siwr ai Pont Rhyd Garregog y gelwid hi, pont i fynd tua rhyw fferm ydyw meddynt hwy

Amgeuaf un bennill tybed ai Sarah oedd y Sipsi wallt gyrliog?

Ar yr alaw Cockles + Mussels

> *Yng Nghymru fach dirion*
> *Hen gartref y Brython*
> *Y clywais y delyn*
> *Tro cyntaf erioed*
> *Y Sipsi wallt cyrliog*
> *Wrth bont Rhydgarregog*
> *Yn tynnu o'r Tannau*
> *Alawon fy ngwlad.*

Y ddwy linell olaf yw hail ganu

Yn bendant o gyfeiriad Gwyddelwern a Ruthin a Dinbych y daeth y gân yma, mae hi yn adnabyddus iawn ir hen ddatgeiniaid.[26]

Trwy gyfrwng ei llythyrau hefyd gwelir Nansi'n darlunio anifeiliaid a byd natur mewn modd cwbl deimladol. Llwyddodd i grynhoi ei hagwedd tuag atynt a throsglwyddodd ei gweledigaeth a'i dealltwriaeth hi o'r cread i ni mewn ffordd rymus iawn:

> . . . *nid yw gwisg werth dim ond 'yn ein harddu an hysbrydoli' mae'n gas gen i ddillad tlod hyll, dyna pam mae deryn bach yn cael plu newydd bob blwyddyn.*[27]

> *the snowdrops are a miracle here + they tell me that there's a Heaven!*[28]

> *Rwy'n fyw! Bum yn cysgodi yn eich Tool Shed y dydd o'r blaen o 2 tan 4-30 . . . roedd hi cyn oered a Seibiria yno*

. . . Trêt drwy'r cwbl oedd lleisiau'r adar a gweld pob math ohonynt yn sguthanod, Tyllhianod wedi mentro i'r pren gyferbyn ar shed yn meddwl nad oedd neb ar y premises, bobol annwyl! show a chonsert di-ail ac un na welaf ac na chlywaf ei debyg byth eto, roedd yr olwg arnynt yn syfrdanol, diolch am yr hen shed drwy'r cyfan!! Wedi i Gôr yr adar fynd diolchais i Dduw am y diwrnod hwnnw.[29]

[Golygwyd rhai o'r llythyrau gan yr awdur er mwyn osgoi unrhyw gamddealltwriaeth ac i hwyluso gwaith y darllenydd. Cadwyd yn union at y gwreiddiol ymhob achos arall.]

Pob llythyr gan Nansi Richards Jones at:

[1] Iona Trevor Jones (dim dyddiad).
[2] Iona Trevor Jones (27 Hydref 1977).
[3] Meinir Burden (13 Gorffennaf 1970).
[4] Ann Griffiths (dim dyddiad).
[5] Gwladys Williams (dim dyddiad).
[6] Joan Rimmer (Medi/Hydref 1969).
[7] Madeau Stewart (dim dyddiad) trwy garedigrwydd AWC.
[8] Telynores Eirian (dim dyddiad).
[9] Telynores Eirian (dim dyddiad).
[10] Yn ei herthygl 'The Morphology of the Triple Harp' (*Galpin Society Journal*, Mawrth 1965, cyfrol XVIII tt. 90-103), profa yr ymchwilydd Joan Rimmer mai yn yr Eidal y dyfeisiwyd y delyn deires a hynny ym mlynyddoedd olaf yr Unfed ganrif-ar-bymtheg neu ddechrau'r Ail ganrif-ar-bymtheg ac iddi gael ei mabwysiadu gan y Cymry rhwng diwedd yr Ail ganrif-ar-bymtheg a dechrau'r Ddeunawfed ganrif.
[11] Joan Rimmer (15 Mawrth 1963) trwy garedigrwydd AWC.
[12] Dr Iorwerth Peate (24 Mehefin 1968) trwy garedigrwydd AWC.
[13] Madeau Stewart (Gwanwyn/Haf 1964) trwy garedigrwydd Joan Rimmer.
[14] Mary Rowlands (8 Hydref 1964) trwy garedigrwydd Joan Rimmer.
[15] Joan Rimmer (Medi 1964).
[16] Ann Roberts (18 Gorffennaf 1974) trwy garedigrwydd Dafydd Roberts.
[17] Joan Rimmer (21 Ebrill 1970).
[18] Mary Rowlands (8 Hydref 1964) trwy garedigrwydd Joan Rimmer.

[19] Iona Trevor Jones (dim dyddiad.)
[20] Robin a Rhian James Jones (24 Rhagfyr 1969) trwy garedigrwydd Rhian James.
[21] Beryl Humphreys (14 Mawrth 1977).
[22] Joan Rimmer (Medi 1964).
[23] Joan Rimmer (Ionawr 1966).
[24] Joan Rimmer (18 Hydref 1963) trwy garedigrwydd AWC.
[25] Madeau Stewart (25 Hydref 1963) trwy garedigrwydd AWC.
[26] Eldra Jarman (dim dyddiad).
[27] Iona Trevor Jones (7 Chwefror 1975).
[28] Madeau Stewart (Chwefror 1968?) trwy garedigrwydd AWC.
[29] Beryl Humphreys (14 Mawrth 1977).

Cyfraniad Nansi i 'repertoire' y delyn yng Nghymru

CYFLWYNIAD

Er nad fel cyfansoddwraig a threfnydd cerddoriaeth y cofir am Delynores Maldwyn, mae ei chyfraniad i'r maes hwn yn un y dylid ei drafod, a theg yw ystyried dylanwad ac effaith ei llafur ar *repertoire* y delyn yng Nghymru. Dibynnai Nansi'n gyfan gwbl ar ei chof wrth berfformio hen alawon traddodiadol Cymru ac oherwydd iddi gael ei thrwytho yn eu harddulliau – eu cynghanedd, eu gwead a'u ffurf, adlewyrchir y nodweddion hynny yn ei hychydig gyfansoddiadau a'i llu trefniannau.

Cwestiwn a gyfyd wrth ymdrin â'i chyfraniad i'r agwedd hon o'r byd cerddorol yw paham yr aeth hi ati i gyfansoddi a threfnu gan mai fel telynores broffesiynol, ymarferol yr adwaenid hi? Gellir dadlau nad o ran dewis yr aeth ar drywydd hyn ond yn hytrach o ran dyletswydd. Gwyddai mai dilyn ôl traed telynorion y ddeunawfed a'r bedwaredd ganrif-ar-bymtheg a wnai, ac ymdrechai'n feunyddiol dros gadw eu cyfraniad hwy i fyd cerddoriaeth draddodiadol Cymru yn fyw. Teimlai Nansi Richards yn ei hanfod (a cheir tystiolaeth o hyn yn ei pherfformio[1]) ei bod yn ddolen yn y gadwyn a arweiniai yn ôl ar hyd llwyfan hanes i'r cyfnod baroc, i gyfnod John Parry 'Ddall', Rhiwabon (c. 1710-1782) ac Edward Jones, 'Bardd y Brenin' (1752-1824). Yma y darganfu ei llinyn mesur fel trefnydd a chyfansoddwraig. Mae'n ddiddorol sylwi ar y tebygrwydd sydd rhwng y gwaith a wnaethpwyd ganddi a'r cyfraniad a wnaed gan John Parry ac Edward Jones i'r maes ganrifoedd ynghynt.

Trwy gyfrwng ei llythyrau personol a'r pigion yn y llyfr *Cwpwrdd Nansi*[2], ceir gwybodaeth ddifyr am ei hagwedd tuag at waith a chyfraniad Parry 'Ddall' a 'Bardd y Brenin' fel y'i gilydd i repertoire y delyn yng Nghymru. Pwysleisiai bwysigrwydd y trefniannau a'r alawon a ddiogelwyd ganddynt i'r grefft o ganu'r delyn – o safbwynt byseddu, cordiau, ynghyd â'r cyfle i arbrofi gydag amrywiadau. Yn un o'i llythyrau, gwelir cyfeiriad pendant at ei pharodrwydd a'i hymdrech pan yn ifanc i gadw hen alawon ar ei chof – mae'n bur debyg oddi wrth hen delynorion ei chyfnod, ei hathro, Tom Lloyd ('Telynor Ceiriog') ynghyd â'r Sipsiwn teithiol a arhosai yn y gymdogaeth:

When I was a child sitting in the Porch, I made up my mind to learn every bit of music I could get hold of by ear. I played 250 Welsh airs, dances + etc. some with variations by Morris Parry + Ed. Jones, Brinley Richards + others + of course J. Thomas and Ap Thomas.[3]

Trwythodd ei hun yn yr hen geinciau hyn a phan oedd yn

bymtheg oed (1903), fe'i heriwyd gan 'Ehedydd Alaw' (Llannerch-y-medd)[4] i ganu'r dau gant a hanner o alawon hynny a honnai oedd yn ei meddiant. Fel gwobr, câi delyn ledr fechan ganddo (a oedd dros bedwar can mlwydd oed). Bu wrthi'n perfformio iddo am wythnos, a hi a orfu! Ei phregeth feunyddiol i delynorion oedd:

> . . . dysgwch yn gynta' alawon ac amrywiade John Parry Ddall ac Edward Jones, Bardd y Brenin, a Pencerdd Gwalia . . . Mae alawon . . . yn gampus at fyseddu a thechneg. Wedi dysgu'r rheini byddwch yn abl i daclo gweithie rhai o'r hen Feistri sy mor addas ac effeithiol ar y delyn bedal a'r delyn deires a'r delyn Geltaidd hefyd.[5]

Ai ceisio efelychu'r gwŷr hyn a wnaeth Nansi gyda'i threfniannau o alawon Cymru, ynteu'r awydd am gadw'r gerddoriaeth yn fyw oedd bennaf yn ei meddwl wrth gofnodi rhai ohonynt ar bapur? Er cymaint fu cyfraniad Edward Jones, 'Bardd y Brenin' i fyd cyfansoddi,[6] fel telynor, casglwr a threfnydd hen alawon y cofir amdano ac nid fel cyfansoddwr. Mae ymdrechion cerddorol 'Bardd y Brenin' (ynghyd â'i gyfraniad fel cofiadur) yn dwyn i gof gyfraniad Nansi Richards i'r maes hwn. Bwriodd hi at ei gwaith yn anad dim fel athrawes gan drosglwyddo'r alawon hyn (dau gant a hanner a mwy ohonynt) i'w disgyblion o'r glust ac nid oes prawf pendant iddi gyfeirio na defnyddio casgliadau cyhoeddedig y gwŷr hyn fel sail i'w gwersi. Yr hyn sy'n nodweddu John Parry a John Thomas fodd bynnag, yw bod rhai o'u cyfansoddiadau hwy wedi ennill eu lle ar lwyfannau rhyngwladol bellach[7] ac yn cael eu perfformio'n gyfochrog â darnau 'clasurol' (ar y delyn bedal, ond yn fwy diweddar ar y delyn deires yn ogystal). Gan eu bod yn her i unrhyw delynor fe'u hystyrir yn weithiau gosod dibynadwy. Cesglir felly nad yw'r cyfansoddiadau a ddaeth o law Nansi wedi llwyddo i'r un graddau gan mai llinyn mesur llwyddiant cyfansoddwr yn ddi-os yw'r perfformiadau a geir o'i waith yn ystod ei oes ac wedi ei farwolaeth.

Yn rhinwedd ei swydd, byddai Parry 'Ddall' yn darparu cerddoriaeth ar gyfer achlysuron arbennig yn bennaf ar stâd y Wynnstay yn Rhiwabon. Yn yr un modd, byddai Nansi hithau yn ceisio diddanu a bodloni ei chynulleidfa i ba le bynnag yr âi. Meddai'r ddau delynor ar *repertoire* eang ac o'r herwydd gallent ddewis y darnau mwyaf addas a phriodol ar gyfer yr achlysur (boed yn wledd briodasol, eisteddfod neu gystadleuaeth, perfformiad o flaen y llys neu'r teulu brenhinol fel yn achos Nansi ei hun). Os nad oedd darn addas ganddynt, mae'n siŵr mai defnyddio'u gallu a'u profiad fel telynorion i drefnu alawon traddodiadol neu gyfarwydd ar y pryd a wnaent. Dyma mae'n debyg, un rheswm dros i Nansi fynd ati i drefnu alawon ar gyfer y delyn a cheir digon o dystiolaeth i brofi na chofnododd ei holl gynnyrch yn y maes hwn ar bapur ychwaith.

Rheswm arall dros fentro i faes cyfansoddi a threfnu (ond trefnu yn bennaf) oedd fod Telynores Maldwyn wedi sylweddoli'r angen am drefniannau cyfoethocach ar gyfer y delyn deires yn gyffredinol ac yn enwedig ar gyfer *repertoire* ei disgyblion (ar y delyn bedal a'r deires). O'r glust y tystia'r mwyafrif o'i disgyblion iddynt ddysgu'r alawon hyn (yn drefniannau ac alawon gydag amrywiadau iddynt) – dolen gyswllt arall rhyngddi â John Parry ac Edward Jones – y ddau yn athrawon blaengar a ddibynnai'n rhannol neu'n gyfan gwbl (yn achos Parry 'Ddall') ar y traddodiad llafar am eu deunydd. Eto i gyd, fe aethant oll ati i gofnodi peth o'u gwaith ar bapur. Dywed Edward Jones amdano'i hun:

Cofnodais fwyafrif yr alawon o glywed eu canu gan hen bobl, a'u chwarae gan y telynorion hynaf yng Ngogledd Cymru. Erbyn hyn mae'n dda fy mod wedi gwneud hynny gan fod y rhan fwyaf ohonynt wedi marw.[8]

Mentrodd 'Bardd y Brenin' i gofnodi'r ceinciau hyn heb unrhyw hyfforddiant. Meistrolodd reolau cynghanedd pur elfennol ond ei brif gyfraniad oedd nodi'r alawon yn 'gywir' heb olygu dim arnynt fel y gwnaethai John Parry 'Bardd Alaw', ei gyfoeswr. Ni chafodd Evan Williams (cofnodwr *Ancient British Music*) unrhyw addysg ffurfiol ychwaith ac amlygir hyn yn y gyfrol (1742). Dyma fu hanes Nansi hefyd o ran hyfforddiant. Gan fod ei rhieni'n bobl gerddorol, mae'n siŵr y cafodd rywfaint o wersi theori (gan ei mam yn enwedig). Cofir hefyd mai'r sol-ffa oedd y dull mwyaf cyffredin o gofnodi cerddoriaeth yn ystod ei chyfnod hi, ond ychydig o ddefnydd a wnaeth o'r cyfrwng hwnnw yn ôl y dystiolaeth a geir heddiw o'i gwaith. Ei bwriad, fel 'Bardd y Brenin' oedd llunio cofnod cywir o'r alawon a'r trefniannau hyn. Ond fel y gwelir o astudio'r darnau'n fanylach, ni lwyddodd Nansi i ddilyn unrhyw ganllawiau cynganeddol i'w chynorthwyo gyda'r gwaith ac o ganlyniad, blêr ac anghyflawn fu ei chyfraniad ar bapur.

Teithiai Nansi filltiroedd yn rhinwedd ei swydd fel telynores broffesiynol ac ymfalchïai'n y ffaith ei bod 'ar dramp' cyhyd. Dyma hefyd fu hanes Parry 'Ddall' wrth iddo yntau ddal swydd Telynor Teuluol i Syr Watcyn Williams-Wynne ym Mhlas Wynnstay, Rhiwabon. Âi i Lundain yn aml ac ar adegau i Ddulyn, Caergrawnt, Rhydychen a Chaeredin. Trwy gyfrwng y teithiau hynny y cododd alawon newydd ac amrywiadau gwahanol ar alawon cyfarwydd fu'n sail i'w gasgliadau a'i berfformiadau cyhoeddus. Mae'n deg dweud i Nansi ehangu ei repertoire fel telynores trwy gyfrwng dulliau tebyg gan ddwyn i olau dydd alawon o bob cwr o Gymru a thu hwnt i'r ffin, a llunio trefniannau ohonynt yn bennaf i ateb y gofyn.

Anodd iawn yw dyddio ei threfniannau a'i chyfansoddiadau, ond ceir cyfeiriad amlwg at un trefniant di-gopi o'i heiddo, 'Sicilian Mariner' – yn erthygl Joan Rimmer 'Telynores Maldwyn: Nansi Richards, a Welsh Harpist (1888-1979).[9] Honnir iddi gyflawni'r gwaith pan oedd yn bedair ar ddeg oed:

> Nansi had so completely absorbed the compositional styles of . . . John Parry and Edward Jones that she could produce compositions in the same style herself; for example, the set of variations on the hymn tune 'Sicilian Mariners'.[10]

Tystiolaeth bendant sy'n haeddu sylw fodd bynnag yw'r dyddiadau recordio (ar dâp neu record) a'r dyddiadau cyhoeddi (mewn llyfr neu gylchgrawn). Yr argraff a geir yw mai gwaith cyson oedd trefnu alawon i Nansi Richards ac nid cynnyrch un cyfnod byr gweithgar yn unig oeddent. Dywed iddi drefnu 'Sicilian Mariner' yn 1902 ond eto, ni recordiwyd y gainc hyd nes 1963. Faint o'r trefniannau eraill fu ar ei chof am drigain mlynedd tybed? Gan i'r recordiadau a'r cyhoeddiadau ymddangos yn ystod pumdegau a chwedegau'r ganrif bresennol, teg yw awgrymu mai yn hanner cyntaf y ganrif y gwnaeth hi'r rhan helaethaf o'i gwaith yn y maes.

Rhestrir isod y trefniannau a'r cyfansoddiadau sy'n wybyddus:

FFYNHONNELL	TREFNIANNAU
Llyfr Wyth o Geinciau Cerdd Dant (Snell a'i Feibion, Abertawe, 1954)	Yr Hafren
	Cainc y Medelwr
	Cainc y Clogwyn
	Eryri Wen
	Ymdaith yr Yswain
	Mantell Siani
	Difyrwch Ieuan y Telynor Dall
	Pant Corlan yr Ŵyn
Folk Harp Journal (Rhifyn Medi, 1976), t.10	Pant Corlan yr Ŵyn
Allwedd y Tannau, Rhif 13 (Gwasg y Dydd Ltd., Dolgellau, 1954) t. 23	Y Derwydd
	Y Dydd
Allwedd y Tannau, Rhif 47 (Gwasg Gee, Dinbych, 1988) t. 48	Y Dydd
Llawysgrifau	Difyrwch Owain Cyfeiliog
	Cainc y Medelwr (1953)
	Difyrwch Morus Wyn
	Mathafarn
	Dirge
Recordiwyd ar gyfer *Celfyddyd Telynores Maldwyn* Cwmni Recordiau Decca, Llundain (1973)	Pwt ar y bys (1959)
	Morfa'r Frenhines (1959)
	Cainc Dafydd Broffwyd (1959)
	Sicilian Mariner (1963, trefn. 1902)
	Clychau Aberdyfi (1963)
	Dŵr Glân (1971)
	Gorhoffedd Gwŷr Harlech (1971)

FFYNHONNELL (PARHÂD)	TREFNIANNAU (PARHÂD)
	Sandon/Lead Kindly Light (1971)
	Mathafarn (1971)
	Rhif Wyth (1971)
	Ffidl ffadl (1971)
	Gwenynen Gwent (1971)
	Llwyn Onn (1971)
	Moel yr Wyddfa (1971)
	Cwrw Melyn (1971)
	The Fairy Dance (1971)
	Wyres Megan (1971)
	Llydaw (1971)
	Nos Galan (1971)
Tannau'r Haf (Gwasg y Lolfa, 1976) t. 14	Consêt Gwilym Bethel
Llawysgrifau	Dawns Gwenllian Berwyn
	Nid yw Cariad yn Ddall
	Alaw yn gyflwynedig i Alwena Roberts
Recordiwyd ar gyfer *Celfyddyd Telynores Maldwyn*, Cwmni Recordiau Decca, Llundain (1973)	Cainc Dona (1971)
	Melfyn (telyn bedal) (1971)
	Cainc Iona (1971)

Ym mha faes felly y bu Nansi fwyaf llwyddiannus – cyfansoddi neu drefnu? O edrych ar y dystiolaeth gwelir mai trefnu cerddoriaeth oedd ei chryfder. Roedd yn delynores heb ei hail, un a oedd yn gwbl gyfarwydd â'r delyn bedal a'r deires ac yn gallu addasu deunydd ar gyfer y naill offeryn a'r llall. Tybir fod ei chyfnod yn y 'Music Halls', er enghraifft, wedi rhoi sylfaen gadarn iddi yn y maes gan iddi fynd ati yn y cyfnod hwnnw i drefnu gwahanol fathau o gerddoriaeth 'boblogaidd' ar gyfer y delyn. Roedd ei magwraeth gerddorol a'r ffaith iddi gael ei thrwytho yn y traddodiad Cymreig yn ddylanwad amhrisiadwy ac yn elfen hanfodol i'w ystyried wrth bwyso a mesur ei chyfraniad i'r maes hwn. Defnyddir ei threfniannau a'i recordiadau heddiw fel cyfrwng symbyliad i amryw o delynorion sydd â'u bryd ar ddysgu'r grefft o ganu'r delyn deires, ac hebddynt mae lle i amau'n gryf a fyddai neb wedi dilyn ôl ei thraed a mentro i'r maes oni bai am y waddol gyfoethog hon.

Ni wnaeth ei chyfansoddiadau fodd bynnag unrhyw argraff ar y byd cerddorol ac amheus iawn fyddai i neb ei galw yn gyfansoddwraig yng ngwir ystyr y gair. Ni hawliodd y teitl iddi'i hun erioed, ac nid aeth ati ychwaith i frolio na hyrwyddo ei gweithiau. Yn hytrach, dylid derbyn ei chyfansoddiadau yn y modd y'u lluniwyd hwy – fel 'pytiau' o gerddoriaeth a ysgrifennwyd fel mwynhad. O'r safbwynt hwn yn unig y gellir eu gwerthfawrogi a'u beirniadu.

[1] Roedd ei dull o ganu'r delyn – taro'r tant, canu'n agos at y seinfwrdd i gael sain clir – yn rhan o hen ddull a gadwyd dros ganrifoedd oherwydd y ddibyniaeth ar y traddodiad llafar. Ni ellir ei alw'n arddull baroc pur ond gellir awgrymu fod perthynas agos iawn rhyngddynt. Yn ogystal, wrth gyfansoddi a threfnu, gwelir defnydd amlwg o'r bas alberti a oedd yn ddull poblogaidd iawn o gynnal alaw y y cyfnod baroc.

[2] RICHARDS, *Nansi: Cwpwrdd Nansi* (Gwasg Gomer, Llandysul, 1972).

[3] Llythyr gan Nansi Richards at Joan Rimmer (dim dyddiad). Trwy garedigrwydd AWC.

[4] 'Ehedydd Alaw' – William Thomas, Llannerch-y-medd (1867-1934) a fu'n fandfeistr yng Nghaergybi am rai blynyddoedd.

[5] *Op. Cit.*, RICHARDS (1972) t. 96.

[6] Drwy gyfrwng sonatas i'r delyn neu'r harpsicord ynghyd â *Musical and Poetical Relicks of the Welsh Bards* (1784) i enwi dim ond un o'i gasgliadau.

[7] *Pedair Sonata* John Parry (Salvi Publications, 1981) yn fwy felly na chyfres *Y Tymhorau* neu'r ddeuawd *Cambria* gan John Thomas (Adlais, 1976 ac 1984) sy'n boblogaidd ar lwyfannau Cymreig yn unig.

[8] WILLIAMS, J. Lloyd: Y Tri Thelynor (Llundain, dim dyddiad) t. 116.

[9] RIMMER, Joan, 'Telynores Maldwyn: Nansi Richards, a Welsh Harpist, 1888-1979', *Studia Instrumentorum Musicae Popularis* Cyfrol VII (Stockholm, 1981). Golygydd: Erich Stockmann, t. 130.

[10] fel 8.

Diweddglo

Er mwyn pwyso a mesur gwerth cyfraniad Nansi Richards i gerddoriaeth Cymru, rhaid ystyried yr hyn a'i rhagflaenodd ynghyd â'r hyn a'i dilynodd. Pa wahaniaeth wnaeth hi i fywyd cerddorol Cymru yn yr ugeinfed ganrif? A oes sail i'r teitl a roddwyd iddi droeon sef 'Brenhines y Delyn'? Onid oes telynorion eraill yn haeddu'r un clod am eu gwaith diflino dros gyfnod yr un mor faith?

Heb amheuaeth roedd rhai fel Alwena Roberts, 'Telynores Iâl' (1899-1981) a'i hathrawes, Gwendolen Mason (Athro'r delyn yn yr Academi Gerdd Frenhinol yn Llundain) yn berfformwyr ac athrawon heb eu hail, ond yr oeddent ill dwy yn canu'r delyn bedal ac yn ei chanu'n y dull 'clasurol', sef gyda'r llaw dde yn canu'r alaw, a'r chwith yn ei chynnal yn y bas. Rhan o fawredd, pwysigrwydd a chyfraniad Nansi Richards i fyd cerddoriaeth Cymru yw iddi gynnal yr hen draddodiad o ganu'r delyn ar yr ysgwydd chwith ynghyd â chanu'r alaw â'i llaw chwith a'r bas â'i llaw dde. Gan iddi lynu at ei hathroniaeth fel gelen drwy gydol ei hoes, enynnodd barch iddi'i hun gan delynorion, pwysigion a gwerin, a hynny y tu hwnt i Gymru'n ogystal. Gwelent yn y wraig eiddil hon y fath benderfyniad a'r gallu i dynnu traddodiadau Cymreig ar ei hôl drwy newidiadau mawr yr ugeinfed ganrif. Fel y dywedodd Robin Huw Bowen amdani[1]:

Nid oedd hi'n berchen ar y traddodiad, yn hytrach, y traddodiad oedd yn berchen arni hi.

Ar ddechrau ei gyrfa fel telynores broffesiynol, cafodd Nansi y fraint a'r cyfle i ganu'r delyn mewn sawl man ac o flaen cynulleidfaoedd gwahanol iawn. Pan gyfeiliai mewn nosweithiau llawen i ganu cylch a phenillion, unawdau mawr Cymreig, step y glocsen, neu pan ganai amrywiadau ar hen alawon, gwelid elfennau o'r hen draddodiad yn glir yn ei ddehongliad. Yn y sgwrsio, y canu a'r telyna, wedi lled-ffurfioldeb y noson, deuai Nansi yn fyw drachefn a cheid tameidiau o hanesion lleol, ffeithiau diddorol am enwau lleoedd, dywediadau, straeon, ambell i gip ar farddoniaeth 'Melangell' ynghyd â chyffyrddiadau cwbl unigryw ar y delyn bedal neu'r deires. Roedd ei harddull yn nodweddiadol iawn o arddull yr *hen* delynorion yn y modd y byddai'n teimlo tant cyn ei daro er mwyn sicrhau ei fod yn gywir. Yn ôl Joan Rimmer yn ei herthygl, 'The Morphology of the Triple Harp',[2] roedd Nansi'n cynnal y traddodiad a roddwyd iddi'n ei phlentyndod gan sipsiwn a hen delynorion gwledig, sef taro'r tant cyn ei chwarae (fel y dywedwyd uchod), a chanu'r delyn yn agos at y seinfwrdd er mwyn creu sain pur, glân. Awgryma Rimmer fod rhai nodweddion o'i harddull yn deillio o'r cyfnod baroc (sef yr ail ganrif ar bymtheg) – dull gwahanol iawn o berfformio i'r hyn a welir heddiw.

Traddodiad arall a gadwyd yn fyw ganddi oedd y traddodiad llafar, (term sy'n gysylltiedig â chanu gwerin ond a ellir ei fenthyca yn y cyd-destun hwn a'i gymhwyso i Nansi Richards) sef y cofio, y dysgu, y canu a'r trosglwyddo. Llwyddodd i drosglwyddo alawon, gwybodaeth neu farddoniaeth ar lafar, a thrwy gyfrwng y delyn yn hytrach na'u hysgrifennu ar bapur. Mewn cymdeithas gerddorol lled-anllythrennog (ac eithrio sol-ffa), roedd rhaid trosglwyddo cerddoriaeth ar lafar o un genhedlaeth i'r llall i sicrhau bywyd ac einioes iddo. Llwyddodd Nansi i osgoi dibynnu ar lythrennedd cerddorol gan storio a throsglwyddo cannoedd o alawon canu penillion – y rhan helaethaf a dderbyniodd gan Tom Lloyd, Telynor Ceiriog (ei hathro), ynghyd â'r sipsiwn fu'n gymaint rhan o barhad y traddodiad, pobl megis tylwyth Abram Wood (1699-1799). Cedwid llawer o ganeuon a dawnsiau Cymreig ganddynt hwy a'u tebyg, ac ar lafar, trwy berfformio, dysgu a chofio y trosglwyddwyd hwy o un genhedlaeth i'r llall. Oni bai am eu cyfraniad, byddai stôr enfawr o alawon wedi'u colli fel canlyniad i'r diwygiad Methodistaidd.

Mae'n ddiddorol sylwi ar yr hyn ddywed yr Athro Ann Griffiths mewn erthygl am yr alawon a gadwai ar ei chof:

almost note for note the same as those variations noted down in the late eighteenth century by Ed. Jones 'Bardd y Brenin' . . . Did this mean that through Nansi, the Welsh had an unbroken technical tradition dating back to late baroque performing practices?[3]

Roedd elfennau o'i chwarae yn deillio nôl i'r cyfnod hwnnw ac mae'r ffaith hon yn unig yn brawf fod dylanwad y traddodiadau Cymreig yn drwm iawn arni. Fel y dywedodd Gwyn Erfyl:

Os ewch chi i rai o wledydd Gorllewin Ewrop – Hwngari, Czechoslovakia ac yn y blaen, mi ddowch chi ar draws pobl sy'n perthyn i draddodiad y Romani ac mae'n nhw'n chwarae'n ysbrydoledig, hynny yw, mae'r peth wedi cael ei basio dros y cenedlaethau, a nhw ydi'r haen olaf – mae'u plant nhw bellach wedi peidio â pherthyn i'r Romani. Mae'u plant nhw'n athrawon coleg ac yn broffesiynol, ond mae'r peth yn rhan o hen draddodiad y werin a dwi'n meddwl fod Nansi r'un fath. Mae hi'n cynrychioli, nid rhywbeth mae colegau wedi'u gwneud, efallai y gall colegau roi sglein arno, ond mae'r peth yn hen iawn iawn a dwi'n credu fod Nansi wedi cadw y peth 'authentic' sydd yn perthyn i draddodiad y werin ar ei orau.[4]

Mae'n wir, fe aeth i'r coleg ar ei hynt a bu'r profiad o ymgyfarwyddo â newid ei dull o ganu'r delyn (a llwyddo) ynghyd â meithrin y grefft o ddehongli darnau clasurol, yn un cyfoethog, er na chytunai â hynny ar y pryd. Ni allai neb bellach ei bychanu a'i galw'n delynores 'werinol' gan ei bod yn sefyll ochr-yn-ochr â thelynorion o bob gwlad ac yn cael ei pharchu gan ei chyd-berfformwyr. Oni welir mawredd cerddor yn ei allu i droi ymhob cylch a pherfformio deunydd sy'n addas ar gyfer y cylch hwnnw ac sy'n cydio ynddynt? Os mai dyna'r llinyn mesur, yna doedd dim byd bychan yn Nansi Richards na dim israddol yn ei chwarae ychwaith. Er i un telynor proffesiynol ddweud amdani mai:

cynnyrch y 'music halls'

ydoedd, mae'n amlwg ei fod yn ddall i'r traddodiad Cymreig a'i ddylanwad amlwg arni fel telynores. Roedd hyd yn oed ei hagwedd tuag at wahanol bethau yn un traddodiadol. Er enghraifft, roedd y syniad o fod yn delynores llys yn rhan o'r traddodiad ac roedd Nansi yn ei helfen yn canu'r delyn o flaen y teulu brenhinol.

Nid anaddas yw cyfeirio at Nansi fel 'Brenhines y Delyn' gan mor amryddawn ydoedd ac am iddi ei chanu o flaen bonedd a gwreng fel'i gilydd heb ildio i'r demtasiwn o fawrygu'r hunan. Un o ddywediadau amlycaf Nansi ydoedd:

i fod yn fawr, mae'n rhaid bod yn fach.[5]

ac yn wir bu'n weithgar iawn, nid yn unig ar lwyfan ond y
tu cefn i'r llwyfan yn ogystal, yn chwilio ac yn prynu
telynau i unrhyw un a ofynnai am un, yn dysgu plant a
phobl ifanc sut i ganu'r delyn deires a'r bedal ac yn hybu ei
daliadau fod rhaid cynnal traddodiad a'i gadw'n fyw:

> *does gen i run math o delyn ers 10eg mlynedd oherwydd
> y salwch mawr gadd Cecil. Fe'i rhoddais am ddim i
> berthnasau rhag ofn i chwareuwyr traddodiadol Cymru
> fynd ar goll!*[6]

Ni welwyd neb wnaeth gyfraniad mor werthfawr â Nansi
Richards i'r delyn yn yr ugeinfed ganrif, ac yn arbennig felly
yn y byd traddodiadol Cymreig.

GWAHANIAETH BARN YN EI CHYLCH . . .
AC AMDANI HI EI HUN

Er ei bod yn hawlio lle teilwng fel 'Brenhines y Delyn', ceir rhai
o hyd yn dadlau i'r gwrthwyneb. Dywed Laura Dunn (cyn-
aelod o Gôr Telyn Eryri) na fyddai Edith yn neb heb Nansi ac
na fyddai Nansi yn neb heb Edith. Roedd y ddwy yn ddyledus
i'w gilydd.[7] Ni ellir amau fod y ddwy wedi cydweithio'n hynod
effeithiol dros y blynyddoedd ond deil y ffaith fod gan Edith
ryw 'barchedig ofn'[8] tuag at Nansi cyn ei chyfarfod am y tro
cyntaf. Roedd ei henw'n gyfarwydd iddi fel cerddor ac fe'i
clywodd yn canu'r delyn droeon mewn Eisteddfodau ac
mewn cyngerdd. Ni fu Edith Evans yn cuddio'r ffaith mai
Nansi a'i rhoddodd 'ar ben ffordd'[9] gyda chanu penillion a
chanu'r delyn. Annoeth fyddai awgrymu fod Nansi yn neb
heb Edith er cymaint eu dyled i'w gilydd. Afraid yw dweud

fod Nansi wedi ennill ei phlwyf fel telynores ymhell cyn bod sôn am Edith Evans na Chôr Telyn Eryri.

Beirniadaeth arall a gododd ei phen oedd fod Nansi yn teithio gymaint ac na wyddai neb o ble y dôi, pa bryd yr âi, nac i ble yr âi oddi yno. Fel y dywedodd Ambrose (nai Nansi Richards a gŵr Megan Hiraethog), byddai'n gweld Nansi'n mynd i lawr y ffordd yn y car – efallai y byddai hi nôl mewn tridiau, neu mewn deufis.[10] Ar ddechrau'r ganrif, roedd yr holl deithio a wnâi yn wrthun i gymdeithas, yn enwedig felly i rai aelodau o'i theulu. Wedi i Cecil farw, blinai pobl arni am ei bod yn disgwyl cael ei chludo o fan i fan. I eraill, roedd ei chalon mor agored yn rhoi heb feddwl cadw dim yn ôl nes peri iddi roddi popeth yn y diwedd gan gynnwys ei thelynau a'i chartref.

Gellid ei beirniadu mae'n debyg am roi'r deires o'r neilltu am gyfnod go faith hyd at y pumdegau pryd yr ailgydiodd ynddi drachefn. Canodd fwy ar y delyn bedal na'r deires yn ôl Ann Roberts[11] gan i'r delyn deires golli'i phoblogrwydd am gyfnod ac i'r bedal amlygu'i hun fel yr offeryn mwyaf addas ar gyfer cyfeilio i ganu penillion. Yn y lluniau sydd ar gael, gyda'r delyn bedal y gwelir hi gan amlaf. Yn ogystal, nid oedd llawer o delynau teires ar gael hyd yn ddiweddar pan ddechreuodd pobl fel Myrddin Madog a John Thomas gynllunio a gwneud telynau o'r fath (ac addasu rhai i'w canu ar yr ysgwydd dde yn ogystal). Gan fod Nansi'n dibynnu ar eraill am delyn fel arfer (gan iddi roi ei thelynau hi'n rhoddion) teg yw casglu mai telynau pedal fyddai ar gael iddi gan amlaf. Yn ôl Geraint Fychan,[12] byddai Nansi'n fodlon symud môr a mynydd er mwyn cael telyn i rywun, a hynny'n aml ar ei thraul hi ei hun.

Cwynai datgeiniaid cerdd dant megis Gwenfron Barrett nad oedd:

dim byd yn 'stable' yn Nansi wrth iddi gyfeilio.[13]

a dywedai eraill ei bod yn mynd a dod fel y llif ond yn ôl Erfyl Fychan, roedd Nansi 'fel y banc o ran amseriad',[14] ac yn llygaid ei lle bob amser – dweud mawr, gan un o hoelion wyth y traddodiad hwnnw. Bu rhaid i Nansi wynebu anawsterau pellach pan gyhoeddwyd trefniannau Haydn Morris o hen alawon cerdd dant gan fod rhai newidiadau amlwg yn perthyn i'r ceinciau hynny (o gymharu â'r hyn y trwythwyd Nansi ynddo). O ganlyniad, dywed Dafydd Roberts,[15] fod rhaid cyfarwyddo Nansi i ail-ddysgu'r alawon yn ôl trefniannau Haydn Morris. Wrth ganu triawd neu bedwarawd roedd yn hanfodol cael pob cord yn ei le er mwyn priodi â'r gyfalaw. Llwyddiant Nansi yn ôl Dafydd Roberts oedd iddi addasu ymhen amser, gan ddysgu'r amrywiadau'n ddidrafferth. Dengys hyn eto ei gallu i newid i ofynion yr oes er mor heriol ydoedd hynny mae'n debyg.

Nid oedd gan Nansi feddwl uchel ohoni'i hun:

Mae Ceiriog yn anfarwol ond cannwyll hanner wyf fi.[16]

ac yn ôl sawl un, roedd Nansi'n wraig wylaidd iawn, yn ôl eraill, yn un wael am dderbyn canmoliaeth cynulleidfa, ond efallai mai dyma ei hapêl i lawer, ei bod hi'n rhyfeddu eu clywed yn ei chymeradwyo mor galonnog fel pe bai'n syndod iddi. Mewn llythyr arall at Iona Trevor Jones, mynega ei syndod at y ffaith fod beirdd yn dal i ganu iddi yn y papurau:

hynny'n help i godi calon o'm 'sit down'! Rwy'n eistedd arni ers blynyddoedd.[17]

Cafodd gyfnod anodd yn dioddef o ddiffyg hyder yn ôl yn chwedegau'r ganrif hon pan oedd Cecil yn sâl ac oedran yn dechrau cael gafael arni. Wrth i'r deires gael ei thynnu yn ôl i fyd cerddoriaeth Cymru, roedd y pwysau arni'n drymach nag erioed. Pan ddechreuodd Joan Rimmer a Madeau Stewart fynegi diddordeb ynddi a'i gwaith ym myd y delyn, sylweddolai na allai ganu'r deires i'r un safon â chynt. Gwyddai fod llawer iawn wedi'i golli:

> *Why didn't all this happen before and before I damaged my fingers, wrist and above all my 'Heart', now I can only do a scrap album programme for I can only do bits of this and bits of that in this state.*[18]

Fel telynores werinol a theithiwr yr ystyriai Nansi ei hun. Roedd hi'n hynod ddiymhongar ac yn ôl Martha Francis,[19] doedd dim byd yn orchestol nac yn hunanol ynddi, ond un trafferth mawr a gafodd oedd disgyn ar hyd ysgol llwyddiant ar ôl cyrraedd y brig. Yn ei barn hi, roedd ychydig o surni ynddi wrth feddwl am ei gwaith proffesiynol. Surni, siom, tor-calon, pa deimlad bynnag ydoedd, roedd hi'n ymwybodol iawn ei bod wedi colli rhywbeth a oedd yn eiddo iddi yn ei hieuenctid.

ARWYDDOCÂD EI CHYFRANIAD FEL LLENOR, BARDD A CHOFNODWR

> she was inclined to romanticize the past and to invent new myths.[20]

Ceir peth gwirionedd yn y gosodiad uchod. Yr hyn sy'n nodweddiadol o gymeriad Nansi yw y bu'r elfen ddiamser sydd efallai'n perthyn i'r sipsiwn a'r tylwyth teg, yn rhan o'i bywyd hithau hefyd. Roedd hi'n byw y gorffennol yn gwbl naturiol yn ei hamser ei hun. Roedd rhyw ramant ynghlwm wrth ei hanesion am y sipsiwn – yr hen straeon a chanu telyn yn y dafarn (wedi creu byd chwedlonol, byd gwahanol i'r hyn a fodolai ynddo – er ei fod yn un cwbl real) ac yn ogystal ei choel mewn tylwyth teg yn dawnsio yn oriau mân y bore. Yn ôl Gwyn Erfyl:

am fod Nansi wedi dweud, roeddech chi'n cymryd'u bod nhw yno![21]

Dywed hefyd:

Doedd hi ddim yn rhan o realaeth bob dydd; roedd hi uwchlaw pethau felly.

ac mae'n debyg mai ei hymlyniad i hen draddodiadau Cymru a wnai iddi ymddangos felly. Ceir stôr o hen hanesion yn ei llyfr *Cwpwrdd Nansi*, ac yma daw ei chyfraniad fel llenor neu gofnodwr i'r amlwg mewn manylion am ardal Pen-y-bont-fawr, ac am hen gymeriadau'r fro. Maent yn byrlymu o'i chof, a phwy all ddweud sawl un ohonynt sy'n wirionedd a pha rai sy'n goel gwlad. Anodd yw credu iddi fynd ati'n bwrpasol i greu chwedlau newydd. Y tebygrwydd yw fod llawer o'r straeon a'r hanesion wedi eu trosglwyddo o'r naill genhedlaeth i'r llall ac yn union fel y traddodiad llafar, fod rhai pethau wedi'u hanghofio ac eraill wedi'u dwyn i mewn i hanesion i'w gwneud yn gyfoethocach. Ceir deunydd sylweddol yn yr Amgueddfa Werin Sain Ffagan, tapiau a wnaed o sgyrsiau rhyngddi â Robin Gwyndaf, sgyrsiau am hen draddodiadau a bywyd diwylliannol bro ei mebyd.[22] Mae ei chyfraniad i'r maes hwn fel cofnodwr a hanesydd yn amhrisiadwy. Roedd ganddi ddiddordeb mawr mewn casglu hen bethau a hen ddodrefn yn ogystal, ond yn ôl tystiolaeth llawer un, rhoi ei chyfan a wnaeth a chadw dim iddi'i hun erbyn y diwedd.

Cyfrannodd fel bardd yn ogystal, er mai fel prydydd bach yr ystyriai ei hun. Tybiai Aled Lloyd Davies[23] iddi ysgrifennu llawer o'i barddoniaeth yn arddull Edward Lear – rhigymau plant, a deunydd ffantasi a apeliai at ei synnwyr digrifwch. Yn ogystal, ysgrifennodd doreth o gerddi am yr ardal lle'i magwyd, ac am 'Bennant Melangell'. Roedd llawer o farddoni naturiol yn rhan o'i magwraeth, trwythwyd hi yn anterliwtiau Twm o'r Nant ac ym marddoniaeth Ceiriog a darllenodd yn eang mewn sawl maes. O ganlyniad roedd hi'n sensitif iawn i werth geiriau a gallai eu trin a'u trafod yn hyderus. Bu hyn o gymorth mawr iddi wrth gyfeilio i ganu penillion.

Roedd ei chyfraniad fel noddwr yn un llawn mor anhepgor. Fel un enghraifft o'i gwaith caled, gellir sôn am yr anterliwt a gynhyrchwyd ar y cyd rhwng cwmni rhynggolegol o anterliwtwyr, Norah Isaac a Nansi Richards. Yng Ngorffennaf 1963, aethpwyd ati i berfformio anterliwt Twm o'r Nant 'Tri Chryfion Byd'. Wedi cyfnod o deithio cafwyd un perfformiad ar fferm Penybont, cartref Nansi. Roedd y paratoadau ar gyfer y cwmni yn well nag yn unman, gyda chert, lampau, cadeiriau, meinciau ac yn y blaen, wedi'u darparu i wneud theatr awyr-agored hynod o effeithiol. Tystia Norah Isaac fod Nansi yn gwybod llawer o'r anterliwt ar ei chof, a'i bod wrth ei bodd yn gweld yr ifainc yn mwynhau'r hen draddodiad hwn. Cawsant oll y profiad o letya yn y fferm y noson honno, gyda Nansi yn esbonio hen gerddoriaeth ac yn adrodd llifeiriant o linellau caeth a rhydd – yn wir, yn cyflawni ei swydd fel cofnodwr a noddwr heb yn wybod iddi'i hun bron.

Arwyddocâd hyn i'r dyfodol yw fod y cofnodion bellach ar gof a chadw trwy gyfrwng ei chyfrolau a'i herthyglau hi, ac yng ngwaith Robin Gwyndaf yn yr Amgueddfa Werin, Sain Ffagan yn ogystal.

YR HYN A'I RHAGFLAENODD HI A'R HYN A'I DILYNODD

Person a fu'n fwy cyfrifol na neb am yr adfywiad yn hanes y delyn ym Mro Hiraethog yn chwarter cyntaf yr ugeinfed ganrif ydoedd Nansi Richards Jones . . .[24]

Erbyn diwedd y bedwaredd ganrif ar bymtheg, roedd y diwygiad Methodistaidd ar ei anterth ac o ystyried y canlyniadau cymdeithasol, hawdd yw deall paham i'r delyn deires droi'n 'offeryn y diafol' (ynghyd ag offerynnau eraill y dafarn a'r ffair). Oni bai i'r sipsiwn a chrwydriaid eraill barhau i ddefnyddio'r delyn deires, mae'n amheus iawn a fyddai'n bodoli o gwbl erbyn degawdau cynnar yr ugeinfed ganrif.

Er bod y traddodiad o ganu'r delyn deires wedi'i gadw'n fyw drwy gydol y bedwaredd ganrif ar bymtheg gan bobl fel Arglwyddes Llanofer (1802-96) a John Roberts, 'Telynor Cymru' (1816-94), roedd yr argoelion ar gyfer ei dyfodol yn yr ugeinfed ganrif yn ymddangos yn bur anobeithiol. Oni bai am gydweithrediad 'Telynores Maldwyn' â'r Sipsiwn yn bennaf, byddai'r delyn deires wedi marw o'r tir yn ogystal â degau o hen alawon Cymreig.

Bu Nansi Richards yn hyfforddi rhai fel Annie Davies, 'Telynores Hiraethog' (1900-1963), David Jones (Dei Llwyn Cwpwl), Llangwm a roddodd wersi yn ei dro i Laura M. Jones, 'Telynores Gwynedd', a thrwy gyfrwng gwaith diflino Gwenynen Gwent yr Ail a Phencerddes y De (Mrs Gruffydd Richards), daeth diddordeb newydd yn y delyn deires yng Nghymru.

Aeth 'Telynores Gwynedd' ati i ddysgu llu o delynorion yn ardal Uwchaled, ac oni bai am Nansi Richards, ni fyddai Dei Llwyn Cwpwl ychwaith wedi mentro i ganu'r delyn nac wedi hyfforddi eraill yn y maes. Un o'r cyfraniadau mwyaf gwerthfawr a wnaeth Nansi felly oedd sicrhau nifer o olynwyr iddi'i hun, rhai a allai gadw'r hen alawon a'r hen ddull o ganu'r delyn yn fyw.

Fel athrawes yr adwaenid hi gan sawl un, ac mae'n ddiddorol olrhain hanes rhai o'i disgyblion er mwyn gweld ffrwyth ei llafur hithau yn y maes hwnnw.

Trefn ei gwersi gan amlaf oedd gwrando a dynwared – gwrando ar Nansi'n canu hen alaw ac yna ceisio'i dynwared. Mynd ati wedyn i ddysgu'r amrywiadau ar yr alaw benodedig ac adeiladu ar y sylfaen hwn dro ar ôl tro.

Yn ôl y Parch. Geraint Fychan[25] âi i aros at Nansi am oddeutu pythefnos i gael gwersi, a'r rheini yn para drwy'r dydd. Ond yn ôl Mair Penri Jones[26] ni châi wersi rheolaidd, dim ond pan fyddai Nansi gartref – ac nid oedd hynny'n aml. Pan gâi wersi, dynwared wnâi hithau:

heb ddim tamaid o gopi na dim.

Pan âi Nansi at deulu'r Goodwins[27] yn Nhreuddyn yn y dauddegau cynnar, byddai'n dysgu'r delyn i Gwenfron Goodwin ac yn gosod penillion i'r parti teuluol yn ogystal. Ym marn Gwenfron Goodwin, rhoddwyd mwy o bwyslais yn ystod y gwersi ar ddatblygu'r grefft o gyfeilio i ganu penillion yn hytrach na chanu unawdau clasurol. Wedi iddi ddysgu alaw benodol, disgwyliai Nansi iddi ei chanu ymhob cyweirnod er mwyn goresgyn unrhyw broblemau trawsgyweirio a ddeuai i'w rhan mewn Eisteddfod – hyfforddiant ardderchog i unrhyw gyw-delynor!

Yr un agwedd anffurfiol gawsai Llio Rhydderch[28] yn y gwersi a dderbyniodd hithau hefyd. Yn ei thro cafodd Llio Rhydderch y cyfle i roi gwersi ar y delyn bedal ac mae'n parhau i wneud hynny hyd heddiw, ond nid ar yr ysgwydd chwith, ond ar yr ysgwydd dde. (Fel yn hanes Haf Watson, hyfforddwyd hithau i ganu'r deires ar yr ysgwydd chwith ond y bedal ar yr ysgwydd dde.)

Dau a ddysgodd ganu'r deires ynghyd â'r bedal gyda Nansi oedd Gwyndaf a Dafydd Roberts (gynt o Lwyngwril). Yn ôl eu tystiolaeth hwy[29] deuai Nansi draw i'w cartref i'w hyfforddi, gan ddilyn yr un drefn anffurfiol o ddysgu, sef canu a dynwared (– y traddodiad llafar ar ei orau). Yn ôl Gwyndaf Roberts, er ei bod yn adnabod y darnau clasurol yn dda, trosglwyddo alawon a threfniannau a wnai iddynt, yn hytrach na'u hyfforddi i ddysgu darn clasurol (e.e. trwy gyfrwng copi) – darnau cwbl draddodiadol megis 'Clychau

Aberdyfi', a 'Phwt ar y Bys'. Byddai gwersi'n parhau hyd at oriau mân y bore. Y diwrnod canlynol, byddai Nansi'n eu hatgoffa o weithgareddau'r noson gynt ac yn sicrhau eu bod yn cofio'n gywir. Dyna fyddai'r patrwm am dridiau ac ni fyddent yn debygol o'i gweld wedyn am wythnosau neu weithiau fisoedd.

Canlyniad y diddordeb yn y deires oedd i'r bechgyn hyn sefydlu grŵp pop yn eu harddegau a thynnu'r offeryn i mewn i hwnnw. Roedd Nansi wrth ei bodd. Uchafbwynt eu hymdrechion fu sefydlu'r grŵp gwerin proffesiynol 'Ar Log', lle cafodd y delyn deires le blaenllaw. Bu'r grŵp yn teithio'n rhyngwladol a dyma un enghraifft amlwg o ddylanwad Nansi ar fyd y delyn yng Nghymru.

Datblygiad pellach fu i'r telynor Robin Huw Bowen glywed Alan Stivell yn canu telyn gyda thannau metel arni. Pan aeth i'r coleg, clywodd y grŵp gwerin 'Ar Log' a sylweddolodd fod rhai cerddorion yng Nghymru yn canu'r delyn deires o hyd. Aeth ati i wrando'n astud ar recordiau a thapiau o Nansi Richards a dysgu amdani drwy bob ffynhonnell bosib, a hyn yn y pen draw â'i deffrôdd i gerddoriaeth y delyn deires. Erbyn hyn, mae Robin Huw Bowen, 'Telynor Moreia' yn delynor teires proffesiynol. Mae'n rhan o'r grŵp offerynnol 'Crasdant' a bellach, mae'n mynd â seiniau'r deires i bedwar ban byd. Lluniodd gasgliad o alawon ar record o'r enw *Cyfarch y Delyn*[30] ac fe drefnodd yr holl alawon (ac eithrio un) ar gyfer y deires. Dyma'r casgliad cyntaf o'r fath ers *Celfyddyd Telynores Maldwyn*.[31]

Ceir enghreifftiau eraill o delynorion yn canu'r deires. Mae'r delynores fyd-enwog Elinor Bennett wedi cyhoeddi cryno ddisg[32] a chenir darnau gan Handel ac Edward Jones ar delyn deires o wneuthuriad John Thomas, Casblaidd, (ar lun telyn Llanofer o'r ddeunawfed ganrif). Gwnaeth gryno ddisg arall yn 1991 o dan yr un label, a chenir darnau ar gyfer y deires ar hon yn ogystal. Dyma brawf pellach fod ffrwyth blynyddoedd o waith gan Nansi Richards yn blaguro, a'r awydd ymhlith telynorion i fagu diddordeb brwd yn y delyn deires yn sail i adfywiad ym myd yr offeryn.

Er i Nansi beidio â chanu'r delyn am gyfnod lled faith yn ei hoes, pan drodd yn ôl ati, fe lwyddodd i gario'r grefft i ail hanner yr ugeinfed ganrif. Trosglwyddodd y gallu i berfformio i eraill ac o ganlyniad i'w gwaith a'i brwdfrydedd bachog hi, dechreuodd y delyn adennill ei phlwyf yng Nghymru drachefn. Bu'r dysgu a'r hyfforddi yn fwrn arni:

I hate, hate teaching but must try if I want the triple to live,[33]

ac fe ddyfalbarhaodd er gwaethaf y pwysau cynyddol oedd arni wrth iddi heneiddio. Oni bai amdani hi ac am ei chymeriad penderfynol, byddai'r traddodiad wedi darfod, ac efallai mai cofnod hanesyddol yn unig fyddai'r delyn deires i ni erbyn heddiw.

A GAFODD HI'R SYLW HAEDDIANNOL?

Pan ddechreuodd Joan Rimmer a Madeau Stewart o'r BBC ymddiddori yng ngwaith Nansi Richards yn ystod chwedegau'r ganrif hon, ac yn dilyn darllediadau cyhoeddus o'i pherfformiadau, fe gafwyd tro ar fyd ym mywyd 'Telynores Maldwyn' – sylweddolwyd am y tro cyntaf erioed yr angen i werthfawrogi a chydnabod ei chrefft. Gresyn o beth mai dwy gynhyrchydd o'r tu hwnt i'r ffin fu'n sbardun i hyn.

Cafodd ei hanrhydeddu gan Gymrodoriaeth Cadair Powys yn 1959 ond er i hyn fod yn galondid mawr, ei chyfraniad 'lleol' ym Mhowys a anrhydeddwyd mewn gwirionedd. Bu rhaid iddi ddisgwyl wyth mlynedd cyn cael sylw cenedlaethol (a hynny gan y frenhiniaeth) a deng mlynedd arall cyn ei chydnabod gan y Brifysgol yng Nghymru. Ys dywed yr hen ddihareb:

os mynni glod, bydd farw

ac ar sawl ystyr bu hyn yn wir am Nansi Richards. Wedi ei marwolaeth, gwnaed rhaglen deledu am ei chyfraniad; ysgrifennwyd toreth o erthyglau amdani (mewn papurau newydd a chylchgronau); rhoddwyd cofeb ar ei chartref – Fferm Penybont, Pen-y-bont-fawr i ddathlu canmlwyddiant ei genedigaeth; cyhoeddwyd cyfrol o luniau yn croniclo'i bywyd a'i gwaith a chomisiynwyd cwmni teledu i lunio drama amdani, er enghraifft.

O ystyried cymeriad Nansi, efallai nad diffyg dyfalbarhad ar ran llawer un fu'n gyfrifol am y ffaith na chafodd sylw teilwng drwy gydol ei hoes. O ran natur, roedd Nansi yn ddiamynedd ag unrhyw ffwdan ac yn gwrthod llawer o sylw. Er hynny pan anrhydeddwyd hi yng Nghorwen gan y to iau ym mis Medi 1976, roedd hi wrth ei bodd ac fe ddiolchodd drwy ddweud:

Tase gen i gynffon, fyswn i'n ei hysgwyd hi!

Teg yw awgrymu ei bod yn waith anodd os nad yn amhosibl cynnal diddordeb cynulleidfa dros gyfnod mor faith ag a wnaeth Nansi. Ond, fe lwyddodd. Nid oes ond gobeithio y ceidw'r delyn deires ei lle ym myd cerddoriaeth Cymru am flynyddoedd i ddod. Dyma fyddai'r clod mwyaf y gellid ei roi i 'Frenhines y Delyn'.

1 Mewn cyfweliad â'r awdur (5 Mai 1989).
2 RIMMER, Joan: 'The Morphology of the Triple Harp' *Galpin Society Journal* (Llundain, Mawrth 1965) Cyfrol XVIII, tt. 90-103.
3 GRIFFITHS, Ann: 'My involvement with the triple harp' *Folk Harp Journal* (University Illinois Library, Mehefin 1982) Rhif 37.
4 Mewn cyfweliad â'r awdur (6 Mehefin 1989).
5 Robin Huw Bowen, mewn cyfweliad â'r awdur (5 Mai 1989).
6 Llythyr gan Nansi Richards at Meinir Burden (dim dyddiad). Trwy garedigrwydd Meinir Burden.
7 Mewn cyfweliad â'r awdur (20 Mawrth 1989).
8 MAELOR, Esyllt: *Edith Cwmcloch* (Gwasg Gwynedd 1987) t. 31.
9 *Op. Cit.*, MAELOR (1987) t. 33.
10 Haf Watson, mewn cyfweliad â'r awdur (16 Chwefror 1989).
11 Mewn cyfweliad â'r awdur (14 Tachwedd 1988).
12 Mewn cyfweliad â'r awdur (28 Mehefin 1989).
13 Mewn cyfweliad â'r awdur (27 Mehefin 1989).
14 Geraint Fychan (mab Erfyl Fychan), mewn cyfweliad â'r awdur (28 Mehefin 1989).
15 Mewn cyfweliad â'r awdur (27 Mehefin 1989).
16 Llythyr gan Nansi Richards at Iona Trevor Jones (21 Mai 1973). Trwy garedigrwydd Iona Trevor Jones.
17 Llythyr gan Nansi Richards at Iona Trevor Jones (26 Medi 1977). Trwy garedigrwydd Iona Trevor Jones.
18 Llythyr gan Nansi Richards at Madeau Stewart (Medi 1963). Trwy garedigrwydd AWC.
19 Mewn cyfweliad â'r awdur (18 Gorffennaf 1989).
20 ELLIS, Osian: *Story of the Harp in Wales* (Gwasg Prifysgol Cymru, 1991) t. 78.
21 Mewn cyfweliad â'r awdur (6 Mehefin 1989).
22 Tapiau AWC Rhifau 3181-92.
23 Mewn cyfweliad â'r awdur (10 Tachwedd 1988).
24 GWYNDAF, Robin: 'Traddodiad y "Gwŷr wrth Gerdd" yn Nyffryn Clwyd a Bro Hiraethog'. *Gwŷr Wrth Gerdd* (Cyngor Gwasanaethau Gwirfoddol Clwyd, Rhuthun, 1981) t. 45.
25 Mewn cyfweliad â'r awdur (28 Mehefin 1989).
26 Mewn cyfweliad â'r awdur (10 Mai 1989).
27 Mewn cyfweliad â'r awdur (5 Mehefin 1989).
28 Mewn cyfweliad â'r awdur (23 Mai 1990).
29 Mewn cyfweliad â'r awdur (22 Hydref 1988 – 1 Rhagfyr 1988).
30 Label Sain, 1988.
31 Cwmni Decca, 1973.
32 Label Sain, 1988.
33 Llythyr gan Nansi Richards at Madeau Stewart (Medi 1963). Trwy garedigrwydd AWC.